Willem Kleine Schaars

Durch Gleichberechtigung zur Selbstbestimmung

Willem Kleine Schaars

Durch Gleichberechtigung zur Selbstbestimmung

Menschen mit geistiger Behinderung im Alltag unterstützen

Übersetzung aus dem Niederländischen
und deutsche Bearbeitung
von Regina Humbert

Beltz Verlag · Weinheim, Basel, Berlin

BELTZ

Ihre Wünsche, Kritiken und Fragen richten Sie bitte an:
Beltz Verlag, Fachverlag Soziale Arbeit, Erziehung und Pflege,
Werderstr. 10, 69469 Weinheim

Titel der Originalausgabe: Via gelijkwaardigheid naar zelfbepaling.
Methodische ondersteuning voor mensen in afhankelijke situaties.

Übersetzung in Kooperation mit der
Bundesvereinigung Lebenshilfe
für Menschen mit geistiger Behinderung e.V.

Lebenshilfe

ISBN 3-407-55990-0

1. Auflage 2003

03 04 05 06 07 5 4 3 2 1

Planung und Lektorat: Richard Grübling, Weinheim
Satz, Druck und Bindung: Druckhaus „Thomas Müntzer“,
Bad Langensalza
Umschlaggestaltung: glas ag, Seeheim-Jugenheim
Titelfotografie: Klaus Günter Kohn, Braunschweig
Printed in Germany

Weitere Informationen finden Sie im Internet unter
http://www.beltz.de

Inhalt

Vorwort

Dieses Buch ist die Fortsetzung des Buchs „Groeien naar gelijkwaardigheid“ (Deutsch: Anleitung zur Selbstständigkeit), das Marja Appel und ich 1992 verfasst haben. Darin beschreiben wir die Methodik, die wir in der Wohnstätte De Blokhorst in Zwolle entwickelt hatten. Im Mittelpunkt dieser Methodik steht der Klient, und dazu gehört die Begleitung von Klienten durch jeweils einen Alltagsbegleiter und einen Prozessbegleiter. Der Alltagsbegleiter unterstützt den Klienten auf seinem Weg zu ausgewogener Selbstbestimmung. Er berät ihn und strukturiert Aufgaben, um Überforderung vorzubeugen. Der Prozessbegleiter begleitet diesen Prozess des Klienten und achtet darauf, ob die Beziehung zwischen Alltagsbegleiter und Klient vertretbar ist. In der Praxis prüft er die Machtposition des Alltagsbegleiters in Beziehung zur Abhängigkeit des Klienten und gibt darüber sein Feedback, ohne sich aber inhaltlich mit den Problemen zu befassen.
Die Methodik war aus einer Vision heraus entstanden, dass die Unterstützung von Klienten in ihrem eigenen Prozess auf dem Weg zur Selbstständigkeit ein wertvolles Gut ist. Der Trend zur Selbstständigkeit hat sich in der Behindertenhilfe weiter entwickelt, das bestätigen die Entwicklungen auf dem Gebiet kleinerer Wohnformen und der Dezentralisierung von Einrichtungen, beim persönlichen Budget und der neuen Sicht auf die Arbeit behinderter Menschen, die sich immer stärker auf den regulären Arbeitsmarkt ausbreitet.

Seit Erscheinen des Buchs „Groeien naar gelijkwaardigheid“ hat sich die Methodik ständig weiterentwickelt. In vielen Einrichtungen in den Niederlanden und in Belgien wird damit gearbeitet. Außerdem wurde das Buch 1999 ins Deutsche übersetzt, sodass die

Methodik jetzt in Deutschland, Österreich und in der Schweiz bekannt ist.
Weil es zu der Zeit noch wenige Erfahrungen im Umgang mit dieser Methodik gab, sind manche wichtigen Kapitel darin nur summarisch betrachtet; z. B. die Überlegungen über die Position von Eltern und Verwandten, die Einbettung der Methodik in eine Organisation, das Arbeiten in Gruppen, die Frage, wie mit Klienten umgegangen werden kann, die kein oder kaum ein sprachliches Vermögen entwickelt haben usw.
Diese Aspekte werden hier gründlich ausgearbeitet, sodass die Methodik auf eine solidere Grundlage gestellt wird. Besonderes Augenmerk richten wir auf die Haltung der Helfer, denn dies ist die Basis jeder Veränderung.
Im Vordergrund dieses Buchs steht die Arbeit mit Menschen mit geistiger Behinderung. Die Methodik wird aber auch in vielen verschiedenen anderen Hilfesituationen verwendet, da die Arbeitsweise im Mittelpunkt steht und nicht die Problematik des Klienten.

Man kann dieses Buch auf verschiedene Art und Weise lesen. In erster Linie ist es für Mitarbeiter in sozialen Organisationen und für zukünftige Begleiter geschrieben worden, aber es kann auch dazu dienen, den Familien von Klienten Einblicke in die Arbeitsweise der Einrichtungen zu geben und über die Fähigkeiten, die von Bedeutung sind, wenn ein klareres Bild vom Erleben des Klienten gewonnen werden soll.

Einleitung

Die Arbeit mit Klienten erfordert eine wohl überlegte Haltung und eine Vision. In den vergangenen Jahren wurde viel darüber geschrieben und gesprochen, es gab verschiedene Vorschläge, wie Begleiter und Organisationen sich verhalten sollten, um die Position ihrer Klienten unabhängiger werden zu lassen. Theoretisch ist längst eine solide Basis gelegt, und jeder, der mit abhängigen Menschen arbeitet, weiß, dass das Entscheiden für andere (statt sie selbst entscheiden zu lassen) Vergangenheit ist. Klienten sollen in ihrem Prozess auf dem Weg zur Selbstständigkeit unterstützt werden, unabhängig von ihrem intellektuellen Niveau oder ihrer Position. Soweit die Vision, danach kommt die Praxis.
Klienten wollen nicht überbehütet werden, und sie verdienen, dass wir ihnen mit Respekt begegnen. Wenn aber Klienten auf ihrem Weg zur Selbstständigkeit nicht gezielt unterstützt werden, ist es sehr wahrscheinlich, dass sie überfordert werden, weil sie sich selbst zu hohe Ziele setzen und weil ihre Umgebung zu viel von ihnen verlangt.
Begleiter benötigen Handreichungen, um bei sich selbst einen Veränderungsprozess in Gang zu setzen, denn nur dann werden ihre Klienten die Gelegenheit bekommen, sich selbst auch zu verändern. Diese Art von Veränderungen der Haltung und Arbeitsweise beginnt häufig bei kleinen alltäglichen Situationen: Wie reagiere ich als Begleiter, wenn ich sehe, dass ein Klient zu viel Belag auf sein Brot legt und das ganz normal findet? Darf ich eingreifen und das verbieten, oder soll ich ihn gewähren lassen (was aber mich maßlos irritieren würde)? Was sage ich einem Klienten, der seine große Freude durch lautes Schreien im Flur äußert (was für mich und andere Klienten sehr störend ist)? Wann überfordere ich einen Klienten, wann bevormunde ich ihn? Woher kommt es,

dass ein Klient in einer Einrichtung sehr schwieriges und aggressives Verhalten zeigt und derselbe Mensch sich in einer anderen Einrichtung kooperativ verhält und keine nennenswerten Probleme mehr auftauchen? In jeder Wohn- oder Arbeitssituation wird es solche Fragen geben, und in jeder solcher Situationen wird es wiederum Kollegen geben, die das unterschiedlich interpretieren.
In diesem Buch möchte ich zeigen, wie mit derartigen häufig vorkommenden Beispielen umgegangen werden kann, denn meines Erachtens können nur auf einer solchen Basis Visionen implementiert und wesentliche Veränderungen in Gang gebracht werden. Um wirklich im Dienste des Klienten zu handeln, müssen auch Organisationen ihre Strukturen von Neuem beleuchten. Keine Organisation kann ihre Mitarbeiter zu einer Vision verpflichten, vielmehr muss sie die Betreuer bei der Entwicklung eines neuen Blicks auf die Hilfen unterstützen.

Wenn heutzutage viele Organisationen zu Bollwerken der Macht fusionieren, ist die Gefahr groß, dass der Abstand zwischen den Leitungsebenen und den Praktikern wächst und man nicht mehr voneinander weiß, wie die Ausübung einer Vision in der Praxis aussieht.

In Organisationen, die ihre Klienten unterstützen, ihr eigenes Leben zu führen, müssen die Klienten auf allen Ebenen mitsprechen können; der Klient muss sozusagen die Achse sein, um die sich alles dreht, unterstützt durch direkte Begleiter. Andererseits trägt die Organisation natürlich auch die Verantwortung für die Gesamtinteressen der Einrichtung.

Die Beziehungen zwischen Eltern (Familie) und Kind, aber auch zwischen Eltern und Einrichtungen sind auch Themen, über die es nachzudenken gilt. In Gesprächen höre ich oft, dass Eltern das Gefühl haben, gegen Wände zu laufen, während doch eigentlich Zusammenarbeit der Ausgangspunkt sein sollte. Meines Erachtens haben Eltern ein Recht darauf, gezielt beteiligt zu werden, wenn es um die Entwicklung ihres Kindes geht. Mit anderen Worten: Helfer sollen Eltern deutlicher zu erkennen geben, was sie gerade tun.

1 Im Mittelpunkt steht der Klient

In diesem Kapitel geht es um die Frage, was es bedeutet und was die Folge ist, wenn die Klienten im Mittelpunkt stehen. Wie schon der Titel dieses Buches sagt, ist Selbstbestimmung eines Klienten immer ein Prozess, der für seine gesamte Entwicklung Bedeutung hat (und darin spielt es auch eine wichtige Rolle, dass Begleiter lernen, loszulassen).
In Kapitel 1.2 werden Möglichkeiten beschrieben, wie Klienten mehr Freiraum bekommen, um sich zu entwickeln; werden aber zu hohe Forderungen an Klienten gestellt, entsteht schnell Überforderung. In Kapitel 1.3 wird das Spannungsfeld beschrieben zwischen der Abhängigkeit des Klienten einerseits und der Unabhängigkeit der Begleiter andererseits. Wird dieses Spannungsfeld nicht angesprochen, ergibt sich häufig, dass die Vision der Unabhängigkeit des Klienten reine Theorie bleibt und keine praktische Gestalt annimmt. Es gibt immer noch viele Situationen, in denen Klienten sich den Regelungen der Hilfeanbieter anpassen müssen. Kapitel 1.4 befasst sich damit. Die Begriffe Gleichwertigkeit, Macht und eigene Verantwortung kommen unter 1.5 an die Reihe. Kapitel 1.6 schließlich zeigt Möglichkeiten, wie man zu einer anderen Sichtweise, deren Ausgangspunkt der Klient ist, kommen kann.

1.1 Selbst wählen und Selbstbestimmung

Eigene Entscheidungen zu treffen und damit die Grenzen der Selbstbestimmung zu entdecken, ist für Klienten mit geistiger Behinderung ein langwährender Prozess. Noch komplizierter wird

es, wenn wir die individuellen Möglichkeiten in den Beziehungen untereinander betrachten – unsere Klienten wohnen immer noch überwiegend in Gruppen. Die essentielle Frage ist: Wie kann jedes Individuum den Freiraum bekommen, die eigenen Möglichkeiten zu nutzen, ohne überfordert oder bevormundet zu werden? Für jeden Klienten hier das Gleichgewicht zu finden, erfordert viel Begleitung und Unterstützung.
Wie kann das nun in der Praxis aussehen? Bevor ich darauf eingehe, möchte ich eine Situation beschreiben, die mich befremdete, weil Klienten unter dem Deckmantel von Selbstbestimmung auf sich allein gestellt blieben.

In einer Wohneinrichtung mitten in Holland hatte man hart daran gearbeitet, Klienten in Bezug auf ihre Wohnwünsche selbst bestimmen zu lassen. Acht Klienten sagten daraufhin, dass sie nicht mehr in der Einrichtung wohnen, sondern sich in kleinen Gruppen in einem Wohngebiet niederlassen wollten. Durch Übungen sozialer und praktischer Selbsthilfe wurden sie gründlich darauf vorbereitet. Währenddessen lebten sie noch in der Einrichtung, in der gruppenbezogen gearbeitet wurde. Gruppenbezogenes Arbeiten bedeutet aber, dass strukturiert gearbeitet wird, dass das Team die Regeln vorgibt und anwendet und dass die Gruppenleitung in der Gruppe präsent ist.
Mit dem Moment ihres Umzugs wechselten die Klienten von einer 24-Stunden-pro-Tag-Begleitung zu einer 5-Stunden-Begleitung pro Woche. Mehr stand ihnen finanziell nicht zu, denn dieses ist die Norm, die für selbstständiges Wohnen gilt. Es wurden zwei Begleiter mit Teilzeitverträgen angestellt, die die komplette Begleitung übernahmen und tatsächlich irgendwie die Kluft zwischen der 24-Stunden-Betreuung und einer Betreuung von weniger als einer Stunde pro Tag überbrücken sollten. Die Folge ist, dass der Wechsel für eine Anzahl von Klienten zu groß ist. Sie fallen in ein Loch und das verursacht problematisches Verhalten. Eine Begleiterin stellt fest, dass sie immer direktiver wird. Sie bestimmt, wie man am besten leben sollte. Es gibt keine

Zeit, um sich mit Ursachen zu beschäftigen. „Ich lief wie die Feuerwehr von Haus zu Haus, um Brände zu löschen." Keine Rede mehr von Selbstbestimmung der Klienten.

Selbstbestimmung eines Klienten darf niemals bedeuten, dass es an Unterstützung mangelt. Wie aber geht das mit Klienten, die ein sehr eingeschränktes Entwicklungsniveau haben und doch auch gerne selbst wählen möchten, wie sie wohnen? Es ist landläufig bekannt, dass ein eigenes Haus, in dem man vielleicht mit einigen Menschen, die man selbst ausgesucht hat, zusammenwohnt, ein gutes Gleichgewicht im Leben schafft.

Drehen wir die oben genannte Praxissituation einmal radikal um. Klienten bekommen ab dem Moment, ab dem sie selbstständig wohnen, alle Unterstützung und alle Sicherheiten, die sie wünschen. Zur Not kann das bedeuten: 24 Stunden am Tag. So gut sie es irgend angeben können, bestimmen also die Klienten ihren Betreuungsbedarf. Sicherheit ist notwendig, um Klienten auch mit Rückschlägen in ihrer Entwicklung wachsen zu lassen. Der beste Ort dafür ist dann die Wohnform, in der sie leben werden. Tag und Nacht gibt es dort Betreuung, auf die sie jederzeit zurückgreifen können. Dafür ist es wichtig, dass nicht die Einrichtung bestimmt, wie die Dinge sich in der Wohnform entwickeln, sondern dass die Klienten dies tun, während die Begleiter im Hintergrund dafür die Möglichkeiten schaffen. Das muss natürlich innerhalb bestimmter Grenzen geschehen (siehe auch Kapitel 2.10), Ausgangspunkt ist aber immer, dass die Teams loslassen und Verantwortlichkeit an die Klienten abgeben.
Was heißt das nun konkret? Es heißt, dass gruppenbezogene Verantwortlichkeiten wie die Wahl der Mahlzeiten, der Ferien, ob man ausgeht oder nicht, die Wahl des Mobiliars, das Aufstellen der Dienstpläne usw. Aufgabe der Klienten wird. Der interne Klientenrat, eine Gruppe, nur aus Klienten bestehend, wird ein wichtiges Planungsorgan mit ernst zu nehmenden Inhalten und Entscheidungsbefugnis. In Mo-

menten, in denen die Planung nicht glückt, oder in Situationen, in denen die Klienten Konflikte haben, liegt das Problem doch bei ihnen, und sie sind es, die – mit Unterstützung ihrer Begleiter – nach einer Lösung suchen müssen. Fallstrick dabei ist, dass Begleiter schnell wieder mit fix und fertigen Lösungen kommen und die Klienten abhängig bleiben.
Dies klingt vielleicht unmöglich und wenig realistisch, aber in der Wohnform, in der ich gearbeitet habe, sind wir diesen Weg gegangen. Zwei Prozesse waren dabei bemerkenswert:

1. Wenn Klienten wirklich den Freiraum bekommen, Verantwortung zu übernehmen, lernen sie, sich so zu entwickeln, dass sie viel besser selbst zu sagen vermögen, was sie selbst können und wobei sie Unterstützung benötigen.
2. Für Teams scheint es sehr schwierig zu sein, jahrelange Traditionen aufzugeben. Der Übergang vom Versorgen und Bestimmen zum Unterstützen ist viel leichter gesagt als getan. Als Begleiter stößt man an die eigenen Grenzen, lernt, wie schwierig wirkliches Zuhören ist, spürt, wie viel manipuliert wird, nur weil wir es schwierig finden, Klienten die Lösung ihrer Probleme zu überlassen.

In unserem Projekt war per Klient ein Prozessbegleiter angestellt. Dieser Prozessbegleiter übernimmt die Aufgabe, ohne eigene Beurteilungen die Meinung des Klienten anzuhören und gegenüber dem Team darzustellen.
Ohne Prozessbegleiter wäre diese Umwandlung sicher nicht gelungen: Sie hielten den Teams immer wieder die Fakten vor Augen.

Im Folgenden werden die Veränderungsprozesse ausführlich beschrieben. Manche Leserinnen und Leser denken vielleicht, dass diese Art der Begleitung große Ansprüche an die Begleiter stellt. Aber der Einsatz von Begleitern bei Klienten, die in selbstständigen Wohnformen wohnen, war jederzeit garantiert. Selbst 24 Stunden Stand-by für eine Wohnung von vier Personen war möglich. Das Niveau der Unterstützung bestimmt auf diese Art und Weise nicht die Art des Wohnens, die der Klient anstrebt. Auch wird das Budget nicht überschritten, denn in der Praxis erwies sich, dass in den neuen Wohnformen mit viel weniger Personal gearbeitet werden konnte. Jedes Mal nahmen die Klienten von sich aus dem Team sehr viel mehr Arbeit ab als in traditionellen Wohnformen.

1.2 Überfordern und Überbehüten

Überbehütung hemmt persönliche Entwicklung, weil sich der Prozess des Wachsens einer Beziehung hin zu Gleichberechtigung gar nicht entfalten kann.
Indem wir uns der Selbstbestimmung der Klienten immer mehr öffnen und öffnen müssen, werden Begleiter mit der Tatsache konfrontiert, dass Klienten nicht länger durch die Einmischung ihrer Umgebung bevormundet werden wollen.
Die Konsequenz des Loslassens kann aber auch bedeuten, dass Klienten Entscheidungen treffen wollen oder müssen, die sie nicht überschauen. Wir sehen in der Praxis, wie Klienten sich enorm entwickeln, wenn sie nicht mehr bevormundet werden, aber auch, dass wir manchmal in unserem Enthusiasmus keinen Blick mehr für die Grenzen der Möglichkeiten unserer Klienten haben. Dadurch werden sie ziemlich oft überfordert.

> Das Team ist der Meinung, dass Klienten bei der Einstellung neuer Kollegen gleichberechtigt mit entscheiden müssen. Das ging so lange gut, bis es zu einer Entscheidung zwischen drei Kandidaten kam. Die männlichen Klienten entschieden einstimmig für eine weibliche Bewerberin aufgrund ihrer äußerlichen Erscheinung. Die Schönheit sei unbestritten, aber die pädagogischen Qualitäten der Bewerberin waren von deutlich niedrigerem Niveau. Als der Bewerberin abgesagt wurde, fielen die Kritiken der Klienten nicht sanft aus. Team und Klienten wurden mit der Nase auf

die Tatsachen gestoßen. Selbstbestimmung kennt auch Grenzen. Anhand dieses Beispiels wurde den Klienten erklärt, was es bedeutet, sich um eine Stelle zu bewerben, was für ein gut funktionierendes Team nötig ist, was ein Bewerberprofil ist (viele Klienten hatten davon noch nie gehört), welche Fragen man Bewerbern stellt usw.

Schließlich wurde ein Kursus entwickelt, in dem die Klienten Gelegenheit hatten, bestimmte Fähigkeiten in den Griff zu bekommen, um besser für Bewerbungsgespräche vorbereitet zu sein und auch, um die eigenen Grenzen angesichts von Mitentscheidungen besser kennen zu lernen. Andererseits gibt es auch Klienten, die solche Fähigkeiten und auch viele andere nicht entwickeln können, weil das ihre Möglichkeiten überschreitet.

Der Begriff Selbstbestimmung wird in der Behindertenhilfe vielfältig in Zielbeschreibungen und Handlungsplänen verwendet. Immer häufiger sind Klienten in Beschlüsse, die ihr eigenes Leben betreffen, einbezogen. Wir scheinen es gerade gut zu machen, wenn wir Klienten auch Mitspracherechte über die Belange der Einrichtung einräumen (z. B. bei Vorstellungsgesprächen).
Ist das aber immer realistisch? Geschieht es nicht eher aus einer Art modernem Trend, wobei wir Klienten mit geistiger Behinderung ein Maß von Freiheit und Verantwortlichkeit aufhalsen, das den Möglichkeiten der Person gar nicht angemessen ist?
Viele Fragen entstehen in der Praxis. Begleiter geraten in Verlegenheit: Wo liegt die Grenze zwischen Autonomie und Eingriff? Weil darüber wenig Klarheit besteht und man eher Angst hat, übergriffig zu handeln, entstehen noch immer Situationen, in denen mehr von Klienten verlangt wird, als sie bewältigen können.
Die Fähigkeit, Entscheidungen zu treffen, beruht auf einigen Voraussetzungen. An erster Stelle braucht man Freiheit, um wählen zu können. Es darf kein Zwang herrschen, weder innerlich noch äußerlich. Wählen setzt auch voraus, dass man über eine Reihe realistischer Wahlmöglichkeiten bzw. Alternativen verfügt oder Kenntnis davon hat.

Eine Voraussetzung dabei ist, dass ein Klient über ausreichendes rationales Vermögen verfügt: Man muss die Konsequenzen seiner Auswahl überschauen und abwägen.
Im Folgenden werden die Entwicklungsstadien vom Säugling bis zum Erwachsenenalter skizziert, und wir gehen der Frage nach, inwiefern man den oben stehenden Voraussetzungen in jedem Entwicklungsstadium gerecht wird. Es geht in diesen Beschreibungen um die Entwicklung nichtbehinderter Menschen.

Säuglingsalter

Ein Säugling erlebt die Welt nach dem Lustprinzip. Er zeigt Vorlieben in Bezug auf Essen und Spielzeug. Diese „Wahl" richtet sich auf unmittelbare Bedürfnisbefriedigung und entsteht vor allem aufgrund von biologischen Reifungsprozessen. Diesem Verhalten kann sich das Baby nicht entziehen (das Baby „wählt" z. B. die Brust, die am meisten Milch gibt und „wählt" Spielzeug, das seiner Entwicklung und seinen Möglichkeiten zu diesem Zeitpunkt am besten gerecht wird).
Wählen steht hier jedes Mal in Anführungszeichen, weil bei einem Säugling von Wahl in der dafür bestimmenden Bedeutung, nämlich über Alternativen zu verfügen und Konsequenzen abwägen zu können, keine Rede sein kann. Mit anderen Worten: Es gibt keine Willensfreiheit.
Es ist die pädagogische Aufgabe der Kontaktperson, die Welt eines Säuglings so reich zu gestalten, dass an jedes Bedürfnis angeknüpft wird. Dabei manipuliert die Bezugsperson wissentlich die Umgebung des Kindes.

Kleinkindalter

In der Kleinkindzeit wird mit dem eigenen Willen experimentiert. Das Kleinkind will seinen jungen Willen erleben und ausleben. Es sagt, was es will und was nicht. Es ist ihm möglich, eine Wahl zu treffen, aber nur anhand konkreter Beispiele aus der eigenen Erfahrung. Das Kleinkind wählt gemäß seinem egozentrischen Weltbild, und es kann die Folgen seiner Wahl nicht voraussehen. Wenn wir ein Kleinkind zwischen zwei Pullovern wählen lassen, die wir vorher ausgesucht haben, wird das Kind die Wahl nach Gefallen treffen und nicht z. B. aufgrund von Witterungsbedingungen. Das Kleinkind denkt, frei zu sein; wir sprechen von Handlungsfreiheit. In unserem Beispiel geht es nicht um Willensfreiheit: Es liegt noch nicht im Vermögen des Kleinkinds, eine Position außerhalb der vorgegebenen Alternative anzunehmen. Etwa ein T-Shirt anziehen zu wollen anstelle des Pullovers. Wir lassen Kleinkinder nicht entscheiden, ob sie in eine Kinderkrippe gehen wollen und auch nicht in welche, denn sie können die Konsequenzen, die sich aus dem Besuch der Kinderkrippe ergeben, nicht übersehen.

Pädagogisch ist es in der Kleinkindzeit von Bedeutung, den eigenen Willen durch immer mehr Angebote von „programmierten" Wahlmöglichkeiten anzuregen. Dadurch wird das Gefühl von Autonomie und Unabhängigkeit beim Kleinkind gefördert. In der Erziehung kann geübt werden, Konsequenzen einer Wahl zu erleben.

Kindergartenalter

Ungefähr ab dem vierten Lebensjahr kann ein Kind sich selbst aus einer gewissen Distanz betrachten. Ein Kindergartenkind sieht mehr und mehr ein, dass es nicht allein der Mittelpunkt der Welt ist. Es beginnt, die Folgen seiner Taten zu überschauen. Es erlebt bewusst, was in zeitlicher Nähe Konsequenz einer bestimmten Entscheidung ist. Ein Kind im Kindergartenalter kann sich z. B. entscheiden, bei einem Freund zu spielen, wegen der leckeren Süßigkeiten, die es dort gibt, oder wegen der schönen Spielsachen. Entwicklungsaufgabe eines Kindes im Kindergartenalter ist es, sich immer mehr von seiner egozentrischen Einstellung zu lösen, damit es sich in andere hineinversetzen kann. Dann kann auch die Perspektive eines anderen beim Treffen einer Entscheidung mitzählen. Erzieher sollen dem Kindergartenkind Alternativen vorschlagen, die seinen kognitiven Möglichkeiten angepasst sind, und dem Kind auch mehr Argumente und Begründungen vorschlagen.

Grundschulzeit

Der im Kindergartenalter begonnene Prozess setzt sich in der Grundschulzeit fort. Selbstständigkeit und die Fähigkeit, sich selbst zu helfen, schreiten ebenso voran wie die sozial-emotionale Entwicklung. Die Fähigkeit, das eigene Tun aus der Distanz zu betrachten, wird größer, wodurch das Gewissen sich herausbilden kann. Beim Treffen von Entscheidungen zieht das Kind mehr in Betracht als nur den Eigennutz (z. B. auch das Urteil oder die Erwartung anderer).
Auch der Überblick über die Reichweite oder die Konsequenzen einer Wahl wird größer. Der Erzieher kann dem Kind abstraktere Überlegungen zur Auswahl vorlegen und das Kind bei Entscheidungen einbeziehen (das Gesetz sieht z. B. vor, dass ein zwölfjähriges Kind bei Ehescheidungen wählen kann, bei welchem Elternteil es wohnen will, aber entgültige Entscheidungen beispielsweise über die berufliche Zukunft oder den Lebenspartner kann ein Schulkind noch nicht treffen).

Pubertät, Adoleszenz, Erwachsenenalter

Die Erwartungen, dass jemand richtige Entscheidungen treffen kann, auch in ethischer Hinsicht, werden immer größer. In der Zeit der Pubertät erleben wir, wie Kinder selbstständig sein wollen und sich gegen Autoritäten auflehnen. Einerseits treffen sie selbstständige Entscheidungen, aber andererseits haben sie dabei noch den Schutz ihrer Erzieher nötig.
In der Pubertät kommt es darauf an, das Kind verantwortbare Risiken eingehen zu lassen. Das verlangt von Erziehern starke Verbundenheit und ein Bewusstsein für Risiken. Ihre Autorität setzen Erzieher dann ein, wenn sie ein Risiko als zu groß einschätzen. Entscheidungen, die dabei getroffen werden, hängen eng mit Per-

sönlichkeitsmerkmalen und dem Gefühl für Verantwortlichkeit des pubertierenden Jugendlichen zusammen (z. B. allein in Urlaub fahren zu wollen: Während das eine Kind damit klar kommt, wird ein anderes sich damit überfordern; im letzteren Fall werden manche Eltern das Kind aus den Urlaubserfahrungen seine Lehre ziehen lassen, während andere Eltern ihrem Kind nicht gestatten, selbstständig in den Urlaub zu fahren).
Von erwachsenen Menschen nehmen wir an, dass sie so selbstständig und verantwortungsbewusst sind, dass sie tragfähige Entscheidungen treffen können.
Erziehung heißt, Menschen auf ihrem Weg zu selbstverantworteter Selbstbestimmung zu helfen. Auf diesem Weg wird der Erzieher der in Frage kommenden Person immer kompliziertere und weiterreichende Entschlüsse überlassen.

Menschen mit geistiger Behinderung

Wie sieht es aus bei Menschen mit geistiger Behinderung, die ein bestimmtes Lebensalter und Lebenserfahrung haben, die aber in Bezug auf ihre emotionale Entwicklung und in Bezug auf kognitive Möglichkeiten viel jünger sind?
Wenn wir die Lebenswelt eines Klienten beurteilen wollen, müssen wir seine Wirklichkeiten kennen, um Überforderung zu vermeiden. Schematisch sieht es folgendermaßen aus:

Normales Entwicklungsniveau	Einschränkungen
	Möglichkeiten

Wenn Entscheidungen getroffen werden (oder wir solche Entscheidungen abverlangen), müssen Klienten nach ihrem emotionalen und kognitiven Entwicklungsniveau eingeschätzt werden und nicht nach dem Lebensalter oder einem angestrebten Niveau.
Das bedeutet, dass ein Klient analog der im Schema gezeigten Einteilung nach seinem Entwicklungsniveau beurteilt wird. Diese Einteilung ist aber künstlich und passt nicht immer, hat aber den Vor-

teil, dass sie das Denken über Möglichkeiten und Einschränkungen bei Entscheidungen erleichtert. Dazu gehört, dass Sie Entscheidungssituationen für Klienten abhängig vom jeweiligen Niveau strukturieren, gegebenenfalls gar nicht zur Wahl stellen, oder ihnen die Entscheidung überlassen oder auch ein verantwortbares Risiko eingehen. Die Entscheidung darüber liegt beim Begleiter, der dabei sowohl Überforderung als auch Unterforderung beachtet.
Das scheint einfach, aber es entstehen Probleme, wenn ein Klient damit nicht einverstanden ist, wenn er hohe Ansprüche an sich stellt oder über gute verbale Ausdrucksmöglichkeiten verfügt. Dann meldet sich schnell unsere Angst, nicht gleichberechtigt zu handeln. Wer sind wir denn, dass wir Entscheidungen gegen den Willen eines Klienten treffen?
Solange wir glauben, dass wir nichts tun dürfen, und die Verantwortung nicht übernehmen, erzeugen wir bei uns und bei den Klienten Unvermögen (vielleicht um für eine Weile Schwierigkeiten zu entrinnen). Möglicherweise sind gerade diese Situationen, in denen schwierige Entscheidungen mit unbequemen Konsequenzen von uns verlangt werden, ein Testfall für die eigene Professionalität.

In Fortbildungen ist Überforderung regelmäßig ein angesprochenes Problem. Danach gibt es dreierlei Arten von Erfahrungen, in denen diese Problematik eine Rolle spielt:

- Der Umzug aus einer Einrichtung in eine selbstständige Wohnform.
- Leistungen werden positiv bewertet.
- Wettstreit zwischen Klienten untereinander.

Der Umzug aus einer Einrichtung in eine selbstständige Wohnform

Der Schritt aus einer betreuten Wohnform zum vollkommen selbstständigen Wohnen beinhaltet eine sehr große Veränderung (umso mehr, wenn dem noch ein intensives Selbstständigkeitsprogramm vorangeht). Hausputz, rechtzeitig Hilfe herbeiholen, Kochen, veränderte Beratungssituationen, wenn man zu mehreren zusammenwohnt, Knüpfen und Aufrechterhalten sozialer Kontakte: Das alles verändert sich.

> Torsten hat den großen Schritt vollzogen. Er hat in der Wohnstätte viel gelernt, und zusammen mit Martha geht für beide nun ein Traum in Erfüllung. Sie ziehen in eine Wohnung nahe der Einrichtung. Aber bald fällt den Betreuern auf, dass Torsten abends häufig in der Wohnstätte ist und dann in seine Wohnung geht, wenn alle im Bett liegen. Sein Kontakt zu Martha, der in der Wohnstätte noch ziemlich intensiv war, wird von Tag zu Tag geringer. Es gelingt ihm nicht, seine Wohnung sauber zu halten, obwohl er nach Aussage des Teams genügend Zeit dafür hat.
> Die Spannungen im Verhältnis zu Martha wachsen. Sie sitzt jeden Abend allein zuhause. Gespräche mit ihm helfen nicht weiter, und als Torsten schließlich wegen verschiedener unklarer Beschwerden auch nicht mehr bei der Arbeit erscheint, kommt er zurück in die Wohnstätte. Eine Illusion ärmer … weil er seinen Idealen nicht gewachsen war.
> Monate später sagt Torsten, dass er alle Aufgaben für sich genommen wohl bewältigen konnte, dass aber alles zusammen von Anfang an viel zu schwer war. Er vermisste auch das Gruppenleben der Wohnstätte und die Betreuer. Er wagte aber nicht, das zu sagen, weil er Angst hatte, dass er sich dann blamieren würde.
> Situationen wie diese gibt es häufiger.

Es ist sehr schwer zu verkraften, wenn man in eine alte Lebenssituation zurückkehren muss. Fast alle Klienten möchten selbstständig wohnen, weil wir es ja auch sehr positiv darstellen. Es ist aber die Frage, ob wir sie einerseits nicht mit all den praktischen Fähigkeiten, über die sie verfügen müssen, ehe sie diesen Schritt tun können, überfordern und andererseits, ob wir nicht der Erlebniswelt und den Grenzen unserer Klienten zu wenig Aufmerksamkeit widmen.
Der Begriff des selbstständigen Wohnens (das heißt, viel können müssen), kann eine Falle sein. Besser ist der Begriff der kleinen Wohnstätte, weil damit nichts über Leistungsansprüche gesagt ist.

Leistungen werden positiv bewertet

Zeitungsartikel, Radioprogramme und Fernsehdokumentationen: In vielen Medien erregen Entwicklungen in der Behindertenhilfe Aufmerksamkeit. Oft werden neue Initiativen vorgestellt. Insbesondere werden Projekte der Dezentralisation von Großeinrichtungen, kleinere Wohnformen und Arbeitsinitiativen betrachtet. Was der Gesellschaft präsentiert wird, sind vor allem behinderte Mitmenschen, die zu mehr in der Lage sind als man zuvor gedacht hatte.

Was tun wir aber mit Menschen, die ihrer Umgebung wenig dienlich sein können, bei denen nichts besonderes passiert und die sich allein durch ein Leben mit vielen Grundsicherheiten und wenigen Aufregungen auszeichnen?

Es gibt in Holland Einrichtungen, die nahezu alle Werkstätten aufgelöst haben und die meisten ihrer Klienten auf dem freien Arbeitsmarkt arbeiten lassen, um damit Integration zu optimieren. Übrig bleiben Tagesstätten, in denen alle Klienten mit einem niedrigen Niveau zurückgeblieben sind; sie fallen heraus, weil sie die gestellten Ziele nicht erreichen können. Es mussten Klienten ihre Werkstatt verlassen, in der sie seit Jahren gearbeitet hatten. Wie erleben Sie einen solchen Schritt? Die Integrationsentwicklung wird von der Presse sehr stark beachtet, aber es gab keine Dokumentation über die übrig gebliebenen Tagesstätten.

Wettstreit unter den Klienten

Immer noch gibt es viele Wohnformen und Werkstätten für behinderte Menschen, in denen Klientengruppen miteinander wohnen und arbeiten. Dem steht gegenüber, dass die Entwicklung kleinteiliger Wohn- und Arbeitsformen schnell voranschreitet. Während solcher Prozesse wird es auch Enttäuschungen geben, sowohl im Team als auch bei Klienten. Je mehr die Leistung im Mittelpunkt steht und gleichsam zum Hauptziel eines Teams wird, desto mehr schlägt sich das auch nieder im Umgang der Klienten miteinander.

Fortsetzung der Situation von Torsten

Während er mit der Vorbereitung für seinen Umzug in seine Wohnung beschäftigt ist, hat er immer weniger Zeit, sich seinen Mitbewohnern zu widmen. Er hat andere Interessen und äußert das, indem er stolz sagt, dass er wegzieht, weil er selbstständig wohnen kann. Torsten steht im Mittelpunkt des Interesses und geht weg; andere Klienten bleiben zurück. Das kann bei Mitbewohnern leicht Eifersucht erregen, denn es dreht sich nicht um sie, obwohl sie das auch gerne möchten. In Gesprächen zwischen den Bewohnern kommt es schnell zu Äußerungen wie „Ich bin besser".

Schließlich aber gelingt Torstens Vorhaben nicht, und er kommt in die Wohnstätte zurück. Die Konfrontation mit den anderen Bewohnern nimmt Formen an von Auge um Auge, Zahn um Zahn: „Er kann es nicht ohne Führung!" Das ist eine logische Folge in seiner Situation. Als Team kann man einer solchen Entwicklung vorbeugen, indem Leistungen nicht so sehr in den Mittelpunkt gerückt werden und dies auch in den Bewohnergruppen deutlich wird.

Es ist wichtig, dass wir zwar die Entwicklungsmöglichkeiten von Klienten im Blick behalten, dabei dürfen aber Einschränkungen nicht übersehen werden. Manchmal muss ein Begleiter Risiken eingehen, um zu sehen, ob sich ein Klient weiterentwickeln kann. Aber wir müssen uns nicht schämen, falls etwas nach unserer Ansicht nicht gelingt. Immer gibt es ein Spannungsfeld zwischen dem, was ein Klient überblicken kann und was seine direkte Umgebung von ihm erwartet. Letztendlich bestimmt der Klient selbst seine Entwicklung. Es ist jedoch sehr wichtig, dass er in seiner Entwicklung unterstützt wird. Darin liegt eine wichtige Aufgabe für Prozessbegleiter und Alltagsbegleiter, denn diese beiden haben die klarste Vorstellung von dem, was der Klient vermag. In Kapitel 2 werden wir ausführlich auf deren Funktion eingehen. Selbstbestimmung eines Klienten bedeutet schließlich auch, dass er bestimmt, was er nicht bestimmen kann.

1.3 Abhängigkeit des Klienten im Verhältnis zur Unabhängigkeit des Begleiters

Jeder Klient in einer Einrichtung der Behindertenhilfe befindet sich in einer Situation der Abhängigkeit. In dem Prozess, immer unabhängiger von seiner Umgebung zu werden, hat er mit Begleitern zu tun, die unabhängig sind und die viel Macht haben. Unabhängigkeit anzuregen, bedeutet sowohl für den Klienten (der lernen muss, für sich selbst einzutreten) als auch für den Begleiter (der loslassen muss) eine Lernaufgabe. Als Schema sieht das folgendermaßen aus:

Klient	abhängige Entwicklungsaufgaben
↓ ↑	
Begleiter	unabhängige Entwicklungsaufgaben

Sowohl für den Klienten als auch für den Begleiter gibt es Entwicklungsaufgaben, damit der Prozess verantwortungsvoll verläuft. Wenn ein Klient noch nicht selbst wählen kann, darf man ihn nicht von einem Tag auf den anderen alles selbst bestimmen lassen. Dann würde er sich unsicher fühlen. Gleiches gilt natürlich für den Begleiter. Begleiter, die über Jahre gelernt haben, die Verantwortung für Klienten zu tragen und die bisher kaum mit Unabhängigkeit eines Klienten zu tun hatten, finden es schwierig, Verantwortung den Klienten selbst zu überlassen. Ihre eigenen Werte und Normen sind viel zu bestimmend.

Im Team war besprochen worden, dass Jan, 55 Jahre alt, seine Kleidung selbst aussuchen sollte. Jan ist voller Erwartung und geht mit einem Begleiter in die Stadt. Im Geschäft zeigt Jan auf eine enge orangefarbene Hose. Sie erscheint ihm schön, er hat Farben immer gern gemocht. Der Begleiter wusste nicht, wie ihm geschah. Ein 55-jähriger Mann in so einer Hose! Was würde seine Mutter nur sagen und alle anderen, die ihn so herumlaufen sehen? Geschickt versteht es der Begleiter, das Problem zu

umschiffen, indem er sagt, dass Jan in zwei Wochen doch eine Feier hat und vielleicht besser eine passende Hose kaufen sollte. Jan, der noch nie die Wahl treffen musste, stimmte zu.
Hier standen die Werte und Normen des Begleiters im Mittelpunkt. Jan bleibt von dessen Meinung abhängig und lernt folglich nicht, selbst die Wahl zu treffen. So wird er auch nicht mit möglichen Konsequenzen konfrontiert.
Nach diesem Beispiel wird im Team über die Grenzen von Jans Selbstbestimmung diskutiert. Verschiedene Teammitglieder waren anderer Meinung und fanden, dass Jans Wahl hätte respektiert werden müssen, unabhängig von der Kritik, die er damit provozierte. Selbstbestimmung geschieht schließlich nach dem Prinzip von Versuch und Irrtum.
Es scheint, dass Jan, ebenso wie alle Klienten, von den Vorstellungen seiner direkten Begleitung abhängig ist. Dieser Begleiter brachte die erlebte Situation mit Jan ins Team zur Diskussion. Sie können sich vorstellen, dass andere Begleiter so etwas nicht tun und dass deswegen Klienten keine oder nur wenige Möglichkeiten bekommen, um sich in Richtung auf Selbstständigkeit und Selbstbestimmung zu entwickeln.

Besteht in einer Einrichtung das System der Mentorenschaft – und das ist noch häufig so –, bleibt die Abhängigkeit des Klienten oft zu groß und die Prüfung des Betreuungsprozesses und des Entwicklungsprozesses des Klienten bleibt schwierig. Ein Mentor muss immer für Rückmeldungen offen sein, er muss unterscheiden können zwischen dem, was er lernen muss, und dem, was der Klient lernen muss, er muss wissen, wann er einen Klienten überbehütet oder überfordert, er muss seine eigenen Qualitäten im Blick haben, Unterschiede erkennen und für den Klienten Verständnis aufbringen usw. (eine beinahe unlösbare Aufgabe). Um mit Klienten gleichberechtigt umzugehen und um die Gleichberechtigung zu garantieren, hilft es, nicht von einem Mentor abhängig zu sein (der seinerseits abhängig ist von Kollegen und von der Einrichtung, in der er arbeitet).

1.4 Stehen wirklich die Belange des Klienten im Mittelpunkt?

Wer als Klient von Hilfeanbietern, Wohnstätten oder gesetzlichen Rahmenbedingungen abhängig ist, steht oft allein da. Es sind die anderen, die bestimmen, was für den Klienten gut ist. Die Hilfeanbieter bestimmen die Regeln.
Ich möchte dies am Beispiel eines Mannes in mittlerem Alter mit leichter geistiger Behinderung illustrieren.

Jürgen hat seine Jugend in seinem Elternhaus verlebt. Er lebte mit seinen Eltern und vier Schwestern zusammen. Weil er dort der einzige Mann war, hatte er einen bedeutsamen Status im Elternhaus. Er ist auch das älteste der Kinder. Im Laufe der Zeit verließen alle Schwestern das Haus, und Jürgen blieb mit seinen Eltern allein zurück. Bei seiner Arbeit fand Jürgen eine Freundin, und beide unternahmen viel miteinander. Sie besuchten einander mehrere Male in der Woche, und ihr liebstes Hobby war das gemeinsame Musikhören.
Es gab keine nennenswerten Probleme, bis plötzlich die Mutter starb, und der Vater wegen seiner labilen Gesundheit und seines hohen Lebensalters nicht mehr für Jürgen sorgen konnte.

Im Alter von 32 Jahren kam Jürgen in ein Kurzzeitheim. Von einem Tag auf den anderen veränderte sein Leben sich drastisch. Er musste in einem Schlafsaal mit fünf anderen Klienten schlafen; zwei davon sind noch minderjährig. Es gibt feste Schlafengehenszeiten, die meisten Türen sind verschlossen, und Jürgen kann seine Freundin nicht mehr empfangen, wenn er oder sie das möchten. Feiertage, die er zuhause immer selbst regelte, sind nun von der Begleitung abhängig. Jürgen kann nicht frei bekommen, ohne dass ein Begleiter das abzeichnet. Trotz seiner Bitten bekommt Jürgen keine Privilegien, weil das nach Ansicht des Teams auch Konsequenzen für andere Klienten haben könnte.

Durch das Wohnen in der Einrichtung wird Jürgens Leben gänzlich auf den Kopf gestellt. Er fühlt sich nicht verstanden und protestiert immer mehr dagegen, wie die Dinge laufen. Wegen seiner verbalen Aggressivität, seiner einzigen Möglichkeit, sich zur Wehr zu setzen, werden die Regeln für ihn immer strenger, und er kann noch weniger sagen, was er will. Am liebsten möchte er hier wieder weg, aber es gibt nirgends einen Platz für ihn, und alleine wohnen kann er nicht.

Nach allerlei hin und her wohnt Jürgen jetzt in einem Haus in der Nähe der Wohnstätte, von wo aus er begleitet wird. Er wohnt mit einer weiblichen Mitbewohnerin zusammen. Ein Platz ist in dieser Wohnung noch frei, und dafür hat Jürgen schon eine Kandidatin: seine Freundin. Ihre Eltern unterstützen das, und die Wohnstätte findet auch, dass es eine gute Idee ist. Aber ... sie steht nicht auf der Warteliste, und folglich können sie nicht zusammen wohnen. Niemand kann Jürgen jetzt noch weismachen, dass er als Klient im Mittelpunkt steht.

Dieses Beispiel ist vielleicht extrem, aber der Klient ist in vielen Situationen der Institution untergeordnet, die doch behauptet, die individuellen Belange des Klienten zu vertreten.

1.5 Gleichwertigkeit, Macht und Eigenverantwortung

Was bedeutet gleichwertiges Umgehen miteinander?

Gleichwertig miteinander umzugehen bedeutet, in allem, was man tut, was man sagt, was man beschließt, davon auszugehen, dass der andere ebenso viel wert ist wie man selbst. Das bedeutet, dass man sich dem Anderen, sei es ein Bewohner oder ein Kollege, mit Respekt zuwendet. Das bedeutet auch, dass man miteinander auf der Basis von Absprachen umgeht.

Im Laufe der Entwicklung lernten Begleiter Merkmale der Haltung gegenüber Klienten, z. B. gut zuzuhören, einen Klienten ernst zu nehmen, einen Bewohner selbst entscheiden lassen, was er möchte und vor allem, sich selbst zurückzunehmen.
Es ist wichtig zu betonen, dass Gleichwertigkeit bedeutet, dass wir von der Einzigartigkeit eines jeden Menschen ausgehen. Das beinhaltet, dass der Umgang miteinander durch den Unterschied zwischen dem Anderen und mir bestimmt wird. Wenn sich jemand z. B. nur schlecht äußern kann und Mühe hat zu sprechen, müssen wir mehr als sonst üblich beim Zuhören unser Bestes tun. Wenn jemand etwas nicht so leicht versteht, müssen wir umso mehr unser Bestes tun, um uns so klar wie möglich verständlich zu machen, unter anderem vielleicht, indem wir etwas visualisieren. Wenn schließlich jemand Schwierigkeiten hat zu lernen, müssen wir diesem Menschen mehr Chancen zum Lernen anbieten und ihm die Inhalte gut zugänglich machen.

Machtgebrauch

Es ist eine Tatsache, dass Begleiter viel Macht über Klienten haben können. Sie verfügen immer über viel mehr Kenntnisse und Fähigkeiten als Klienten, und das verleiht viel mehr Macht. Begleiter können sich zusammensetzen und absprechen, wie sie mit jemandem umgehen.
Daneben haben Begleiter noch eine Anzahl faktischer Hilfsmittel. Sie haben für alles die passenden Schlüssel (u. a. für den Vorratsschrank), sie haben einen Generalschlüssel für alle Zimmer und den Schlüssel der Kasse. Begleiter verfügen über das Geld der Einrichtung. Wenn Klienten Geld aus der Kasse nehmen, heißt das, sie stehlen.

Wir unterscheiden zwischen rechtem und unrechtem Gebrauch der Macht. Es kann beispielsweise geschehen, dass ein Klient in eine lebensbedrohende Situation gerät, dann muss ein Begleiter natürlich eingreifen. Dann sprechen wir von rechtem Machtgebrauch.
Wenn wir aber Macht einsetzen, um es für uns selbst einfacher zu machen, z. B. durch Gebote und Verbote für eine Gruppe, dann

sprechen wir von unrechtmäßigem Einsatz von Macht bzw. Machtmissbrauch. Im Grunde balancieren wir ständig zwischen rechtem und unrechtmäßigem Machtgebrauch, was das bedeutet, ist aber je nach Situation oder Person verschieden. Es ist ganz wichtig, immer miteinander darüber zu sprechen, ob zu Recht oder zu Unrecht Macht eingesetzt worden ist. Wenn wir gegenüber den Klienten zu oft unrechtmäßig Macht einsetzen, können diese mit Widerstand reagieren. Es gibt auch Klienten, die sich anpassen, die passiv werden. Wenn wir Beschlüsse fassen und bestimmen, ohne Klienten mit einzubeziehen, nehmen wir ihnen alles aus der Hand, und sie haben kaum mehr Möglichkeiten, die Situation selbst zu handhaben.

Ermächtigung

Mit Ermächtigung meinen wir jene Macht, die ein Individuum über sich selbst hat, um selbst zu bestimmen, was es will, und um Auswahlen zu treffen. Es ist sehr wichtig, dass Menschen mit geistiger Behinderung in diesem Sinne ermächtigt sind. Ermächtigung, über die Klienten in einer Einrichtung verfügen, hängt auch mit der Haltung ihrer Begleiter zusammen. Auch Begleiter sind ermächtigt, und diese Ermächtigung können sie gebrauchen, um z. B. sich selbst zurückzunehmen und Klienten den Raum zu geben, den sie brauchen, um ihre Grenzen zu erkunden und um dem Leben seinen Sinn zu geben.

Eigenverantwortung

Es ist wichtig, dass Klienten lernen, selbst herauszufinden, wo sie Hilfe brauchen. Es sind beispielsweise viele Klienten daran gewöhnt, dass sie zu einer bestimmten Zeit ins Bett gehen müssen. Wenn Bewohner die Zeit zum Schlafengehen selbst bestimmen können, bleibt eine Anzahl von ihnen bei dieser gewohnten Uhrzeit, aber eine große Gruppe nutzt die neugewonnene Freiheit und geht an vielen Abenden spät ins Bett. In der Folge stellen sie dann selbst fest, dass zu wenig Schlaf eine Reihe negativer Kon-

sequenzen hat und dass man davon ziemlich müde wird. Meistens regelt sich das Verhalten dann von selbst. Der Vorteil dieses Vorgehens ist, dass Klienten nicht von vornherein gegen auferlegte Regeln kämpfen müssen, sondern dass sie angeregt werden, die eigenen Möglichkeiten zu entdecken.
Selbstverantwortung ist eine Grundvoraussetzung, wenn wir die Fähigkeiten – und nicht die Defizite – der Bewohner in den Mittelpunkt stellen. Im Grunde trägt jeder Klient selbst die Verantwortung für sein Leben. Wir, die Begleiter, bieten Hilfe, wenn der Klient danach fragt und die Hilfe akzeptiert.

1.6 Von der Warte des Klienten ausgehen

1. Ich habe als Individuum das Recht, dass meine Bedürfnisse berücksichtigt werden und dass ich meine eigenen Prioritäten setzen kann, abhängig von den Rollen, die ich in meinem Leben spiele.
2. Ich habe ein Recht darauf, respektvoll behandelt zu werden.
3. Ich habe ein Recht darauf, meine Gefühle auszudrücken.
4. Ich habe ein Recht auf meine eigene Meinung und mein eigenes Wertsystem.
5. Ich habe das Recht, als selbstständiges Individuum ja oder nein zu sagen.
6. Ich habe das Recht, Fehler zu machen.
7. Ich habe das Recht, zu sagen, dass ich etwas nicht verstehe.
8. Ich habe das Recht, nach den Dingen, die ich haben möchte, zu fragen.
9. Ich habe das Recht, die Verantwortung für die Probleme anderer von mir zu weisen.
10. Ich habe das Recht, mit anderen Menschen umzugehen, das darf mir niemand streitig machen.

Dies alles sind Rechte, die für jedermann gelten, also auch für Menschen mit einer geistigen oder körperlichen Behinderung, für Menschen, die Schwierigkeiten haben, sich verbal zu äußern, oder für Menschen, die aus unterschiedlichen Gründen stark von ihren

Mitmenschen abhängig sind und die andauernd oder nur eine gewisse Zeit lang nicht selbstständig agieren können.

Wenn Menschen in Abhängigkeit von Hilfen geraten, neigen wir dazu, schnell nach Defiziten zu schauen und die als Ausgangspunkt für unsere Behandlung zu verwenden. Wir neigen zu der Auffassung, dass Menschen sich verändern und an unsere Werte und Normen anpassen müssen. Logische Folge davon ist, dass leicht Streit und Missverständnisse entstehen, weil die Klienten sich in ihren Rechten angegriffen sehen.

Der Klient kann alles

Wollen wir den Klienten wirklich in den Mittelpunkt stellen, dann können wir von der Vorgabe ausgehen, dass er alles selbst kann oder will. Auf diese Weise lernt er schneller zu erkennen, was ihm allein nicht gelingt, und wir können ihn, wenn er das wünscht, unterstützen. Statt dem Klienten etwas aufzuzwingen, wird er schneller mit seinem eigenen Hilfebedarf konfrontiert, und dabei können wir ihn unterstützen. Damit bleibt ein Problem Sache des Klienten statt dass wir versuchen, nach unserem Verständnis Probleme aufzulösen.

> Franz zieht in der Wohnstätte ein. Der Begleiter fragt ihn, wie viel Taschengeld er pro Woche haben möchte. Franz hat sofort eine Antwort bereit: „Fünfzig Euro". An Franz' Tonfall kann der Begleiter schnell merken, dass Franz keinen blassen Schimmer von Geld hat. Fünfzig Euro hat für ihn einfach die Bedeutung von viel Geld. Der Betreuer könnte jetzt eingreifen und Franz mit der Tatsache konfrontieren, dass er die Verantwortung für seine Finanzen nicht überschaut. Aber würde er damit Franz erreichen? Die Wahrscheinlichkeit ist groß, dass Franz dagegen angehen und an der Summe von 50 Euro festhalten würde. In unserem Beispiel liegen die Dinge so, dass Franz ein genügend großes Monatseinkommen hat, um über 50 Euro pro Woche zu ver-

fügen. Jeden Mittwoch bekommt er 50 Euro ausgehändigt. Schon am ersten Montag darauf kommt Franz zu seinem Begleiter. Er möchte wieder 50 Euro, denn sein Geld ist alle.
Der Begleiter erkundigt sich, wofür er das Geld ausgegeben hat. Franz kann nicht mehr sagen, als dass er Kaffee getrunken hat und rumgebummelt ist. Der Begleiter erinnert ihn an die Absprache, die sie miteinander getroffen haben: Geld gibt es mittwochs. Darauf sagt Franz, dass er das alles nicht versteht und am liebsten wieder täglich einen Betrag von vier Euro haben möchte. Das ist nämlich das System, nach dem er zuhause mit Geld umging und das er überblickt. So ist nun eine Entscheidung zustande gekommen, die Franz selbst getroffen hat, und der Begleiter brauchte keine Konfrontation mit ihm auszulösen.

Wir haben an verschiedenen Beispielen gezeigt, wie Klienten von ihrer direkten Umgebung abhängig sind. Wo liegen die Grenzen für ihre Selbstbestimmung? Welche Rolle spielt dabei die Behinderung? Gibt es nicht zu viel Bevormundung?
Den Prozess der Entwicklung von Unabhängigkeit zu realisieren, ist für Begleiter eine schwierige Aufgabe. Immer wieder werden wir dazu verleitet, den Hilfebedarf für den Klienten zu bestimmen, statt gemeinsam die Hilfen zu bestimmen, die gewünscht werden. Es ist wichtig, dieses Problem systematisch zu lösen, damit der Klient die Macht zur Selbstbestimmung erhält und damit wir die Hilfen nach Absprache geben.
Viele Menschen mit geistiger Behinderung sind behütet aufgewachsen, und ihre Vergangenheit war ein Leben in Einrichtungen. Einfach die alten Strukturen und Absprachen über Bord werfen und dem Klienten Freiräume gewähren, ist nicht immer die beste Weise, das Wachstum zu größerer Unabhängigkeit zu unterstützen. Nötig ist eine gezielte Unterstützung, mit viel Verständnis für die Erlebenswelt des Klienten. Denn sie erleben ihre Umgebung häufig völlig anders als Begleiter. Zum Beispiel erlaubt die Sprache, die Klienten verwenden, ein völlig anderes Niveau von Kommunikation; häufig verstehen Klienten nicht, was ihre Beglei-

ter meinen. Sie haben aber gelernt, ja zu sagen, wenn sie etwas nicht verstehen. Wenn ein Klient ja sagt, scheint es so, als hätte er etwas verstanden, und die Gefahr der Überforderung wird riesengroß.

Mit unserer Methodik der wachsenden Gleichberechtigung nehmen wir das Individuum zum Ausgangspunkt unserer Arbeit. Wir versuchen, den Klienten so weit wie möglich ins Zentrum unserer Bemühungen zu stellen, und unser Ziel ist es, ihn so unabhängig wie möglich leben zu lassen. Zunehmende Unabhängigkeit und die Möglichkeit, eigene Entscheidungen treffen zu können und zu wagen, ist häufig ein Weg mit vielen Rückschlägen.
Aus diesem Grunde erhalten Klienten nach unserer Methodik einen Prozessbegleiter und einen Alltagsbegleiter (siehe Kapitel 2). Der Prozessbegleiter befasst sich vor allem mit der Erlebenswelt des Klienten und versucht, sich auf dessen Art zu kommunizieren einzustimmen. Er muss sich nicht mit Regeln und Absprachen mit dem Klienten befassen. Durch diese Position kann der Prozessbegleiter besser als ein Mentor oder ein persönlicher Begleiter sehen, ob ein Bewohner überfordert wird. Der Alltagsbegleiter strukturiert, wo nötig, den Alltag und unterstützt den Klienten auf seinem Weg zur Unabhängigkeit. Vom Prozessbegleiter erhält er dafür wertvolle Rückmeldungen über das Entwicklungsniveau des Klienten.
Ausgangspunkt unserer Methodik ist Gleichberechtigung. Das bedeutet aber nicht, dass wir bei jedem Bewohner Strukturen aufbrechen, die während vieler Jahre der Hilfe aufgebaut worden sind. Gleichberechtigung als Ausgangspunkt verpflichtet uns vielmehr, auf das Individuum zu schauen und seinen Prozess der Entwicklung zu respektieren.
Gleichberechtigung bedeutet ebenso, dass jedes Individuum ohne Grenzen und ohne Normen durch sein Leben gehen kann.
Gleichberechtigung bedeutet weiter, besonders im Umgang und in der Begleitung, Einstimmung auf das Individuum.

2 Erläuterung der Methodik

In diesem Kapitel erfolgt die Beschreibung der Funktionen des Prozessbegleiters und des Alltagsbegleiters (dieser ist in Werkstätten auch als Arbeitsbegleiter zu bezeichnen) in ihrem Verhältnis zum Klienten. Ausgangspunkt unserer Methodik ist das Verhältnis von Klient und Alltagsbegleiter. Der Prozess wachsender Selbstbestimmung des Klienten wird vor allem durch den Prozessbegleiter überprüft (Kapitel 2.1, 2.2 und 2.3). In den Kapiteln 2.4 und 2.5 kommen praktische Übungen an die Reihe, z. B. Aufbau von Gesprächen, Gutachten und Jahresbericht. In Kapitel 2.6 wird die Zusammenarbeit zwischen Prozessbegleiter und Alltagsbegleiter behandelt. Eine wichtige Entwicklung für den Prozess zu mehr Unabhängigkeit des Klienten sind die individuellen Wohnformen. Über die Rolle der Alltagsbegleiter in Gruppen wird dargestellt, wie die Begleitung am besten vorgehen sollte und welche Gesichtspunkte dabei wichtig sind (Kapitel 2.7). Auch die Rolle des Teams bei der Arbeit nach unserer Methodik kommt ausführlich zur Sprache (Kapitel 2. 8 bis 2.12). Zum Schluss werden in Kapitel 2.13 die Voraussetzungen betrachtet, die gegeben sein müssen, um diese Methodik einzusetzen.

2.1 Die Rolle des Prozessbegleiters und des Alltagsbegleiters

Bei der Arbeit mit unserer Methodik hat es der Klient auf dem Niveau der Inhalte und der Beziehung mit zwei Begleitern zu tun: dem Prozessbegleiter und dem Alltagsbegleiter. In allen wichtigen Fragen sind diese beiden die Gesprächspartner des Klienten.

Schematisch sieht das folgendermaßen aus:

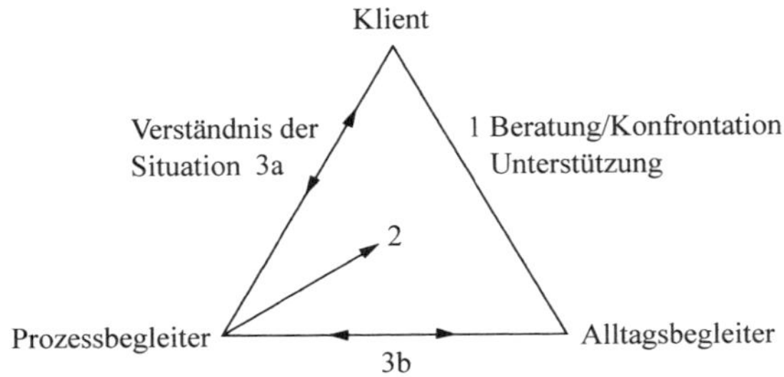

1. Die Beziehung zwischen Klient und Alltagsbegleiter. Hierbei handelt es sich um die primäre Interaktion. Hier findet die Begleitung statt.
2. Die Beziehung zwischen Klient und Alltagsbegleiter wird durch den Prozessbegleiter beobachtet.

3a. Der Prozessbegleiter versteht die Situation des Klienten und gibt, falls nötig, Feedback, ohne sich mit dem aktuellen Problem zu befassen. Dies ist die sekundäre Interaktion.

3b. Der Prozessbegleiter hört sich die Auffassung des Alltagsbegleiters an und gibt, wenn nötig, Feedback, ohne sich in das Problem einzumischen. Auch dies ist eine sekundäre Interaktion.

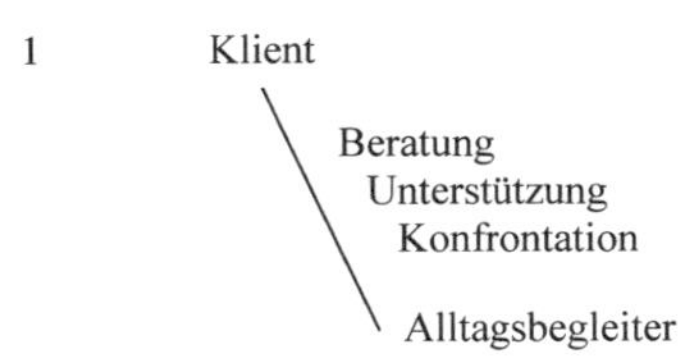

Die Linie, die den Klienten in Beziehung zum Alltagsbegleiter setzt, ist die Linie, die die Beratung wiedergibt. Der Alltagsbegleiter übernimmt Verantwortung und kann z. B. eingreifen, wenn ein Klient sich grenzüberschreitend verhält (Konfrontation). Ausgangspunkt ist die Beratung. Ziel des Alltagsbegleiters muss sein, dass er den Klienten ernst nimmt und unterstützt. Leicht kann in der Beziehung zwischen Klient und Alltagsbegleiter ein Ungleichgewicht der Macht entstehen. Solches Ungleichgewicht kann sich darin äußern, dass der Alltagsbegleiter zu viel für den Klienten bestimmt, es kann aber auch beinhalten, dass ein Klient überfordert wird.

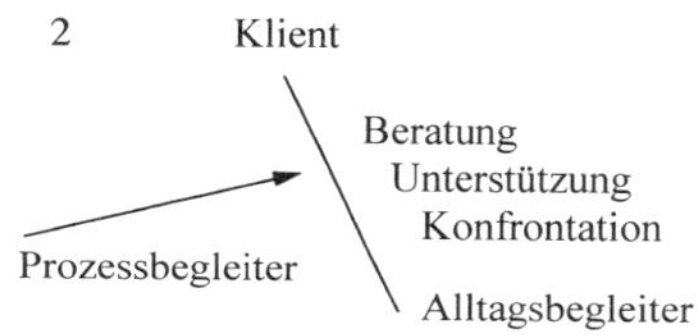

Der Prozessbegleiter achtet darauf, dass die Beziehung zwischen dem Klienten und dem Alltagsbegleiter verantwortlich verläuft und zum Ausgangspunkt hat, dass der Klient sein Leben nach seinen Möglichkeiten bestimmen kann. Der Prozessbegleiter prüft ständig die Machtposition des Alltagsbegleiters in Bezug auf die Abhängigkeit des Klienten und gibt darüber Rückmeldung.

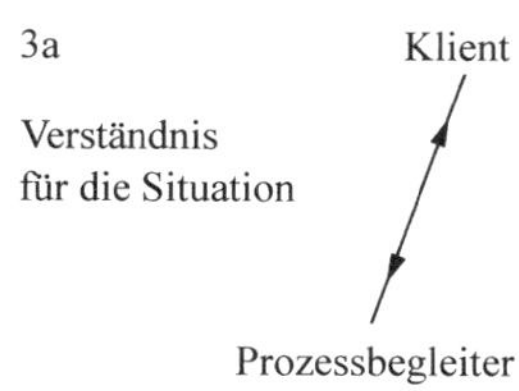

Die Linie der Relation von Klient zum Prozessbegleiter sagt etwas über das Verständnis für die Situation, in der der Klient sich befindet. Mit dem Wort Verständnis meinen wir, dass der Klient jederzeit den Prozessbegleiter aufsuchen kann und ernst genommen wird. Welche Meinung der Prozessbegleiter dabei hat, ist nicht von Bedeutung, und er soll folglich auch nicht beurteilend auftreten. Mit Verständnis ist auch nicht gemeint, dass der Prozessbegleiter eventuelle Probleme des Klienten löst. Der Klient bleibt selbstverantwortlich für die Entscheidungen, die er trifft.

3b Prozessbegleiter ——————— Alltagsbegleiter

Timo hat Probleme mit seinen Ausgaben und möchte mehr Geld haben. Er sagt das seinem Prozessbegleiter. Wichtig ist jetzt, dass der Prozessbegleiter klarstellt, dass er sich dafür an den Alltagsbegleiter wenden muss, weil er in Geldfragen nicht zuständig ist. Die Rolle des Prozessbegleiters wird aber wichtig, weil Timo sagt, dass er nicht weiß, wie er dies beim Alltagsbegleiter zur Sprache bringen kann. Mit anderen Worten: Der Prozessbegleiter ist unabhängig von Inhalten, aber zuständig für das Niveau der Beziehungen. Timo kann sich verbal nicht gut äußern und findet es daher schwierig, sich mit seinem Alltagsbegleiter zu besprechen.

Das Feedback zwischen Alltagsbegleiter und Prozessbegleiter ist von wesentlicher Bedeutung, damit die Haltung der Begleiter in der Betreuungssituation konstant überprüft werden kann (siehe auch Kapitel 2.12).

Zurück zu Timo. Er hat ein Problem mit seinem Alltagsbegleiter und empfindet eine starke Hemmung, darüber mit ihm zu sprechen. Zusammen mit dem Prozessbegleiter überlegt Timo, woher es kommt, dass der Kontakt mit seinem Alltagsbegleiter nicht richtig läuft, und was er daran verändern kann.
Timo findet, dass der Alltagsbegleiter eine tiefe Stimme hat, vor der er sich jedes Mal erschrickt. Der Alltagsbegleiter weiß davon nichts. Timo hatte es ihm nicht zu sagen gewagt.
Daraus ergeben sich zwei Möglichkeiten. Die erste Möglichkeit ist, dass der Prozessbegleiter mit Timo darüber spricht, wie er dieses Problem dem Alltagsbegleiter erklären kann, und dass er das mit ihm in einem Rollenspiel übt (sofern Timo die dafür nötige verbale Fähigkeit besitzt). Die zweite Möglichkeit ist, dass Timo es so entsetzlich schwierig findet, die Sache zu beschreiben, dass der Prozessbegleiter besser mitgeht, um an dem Gespräch zwischen Alltagsbegleiter und Timo teilzunehmen. Der Prozessbegleiter soll sich dann nicht mit dem Problem befassen, sondern dafür sorgen, dass die beiden die fragliche Situation mit-

einander besprechen; er ist dann eher ein Moderator. Falls Timo wenig oder kein sprachliches Vermögen hat, soll der Prozessbegleiter bei dem Gespräch benennen, womit Timo nicht klar kommt. Er soll auch prüfen, ob alles, was der Alltagsbegleiter zu Timo sagt, von diesem verstanden wird. Und das ist ein wichtiger Bestandteil von Gesprächen, weil Klienten häufig erwünschte Antworten geben, auch – oder gerade –, wenn sie etwas nicht verstanden haben.

2.2 Der Prozessbegleiter

Wichtigstes Merkmal eines Prozessbegleiters ist, dass er niemals ein Urteil über den Klienten fällt. Seine Meinung ist nicht wichtig. Der Prozessbegleiter versucht aber, Klarheit über die Erlebenswelt des Klienten zu gewinnen, und es ist sein Ziel, dass dieser besser zurechtkommt. Es ist seine Aufgabe, eine vertrauensvolle Beziehung zu entwickeln, damit der Klient lernt, sich selbst zu beobachten und dadurch unabhängiger von seinem Umfeld zu werden. In der Beziehung zu seinem Prozessbegleiter braucht ein Klient nicht zu kämpfen, und er wird nicht zur Verantwortung gezogen. Das ist Aufgabe des Alltagsbegleiters. Wenn ein Klient beispielsweise etwas gestohlen hat, soll der Prozessbegleiter ihn dafür nicht verurteilen. Sein Interesse ist allein, die Ursache des Verhaltens herauszufinden. Der Effekt für den Klienten ist, dass ein Prozessbegleiter ihm immer zuhört und die Kommunikation auf die verbalen Möglichkeiten und das Niveau des Klienten abstimmt. Damit bestimmt der Klient selbst den Prozess.
Der Prozessbegleiter unterstützt den Klienten in der Beziehung zu seinem Umfeld. Unterstützung bedeutet nicht, dass der Prozessbegleiter Probleme des Klienten löst. Das bleibt immer in der Verantwortung des Klienten. In dem Moment, in dem ein Problem des Klienten auch ein Problem des Prozessbegleiters wäre, könnte dieser seine Funktion nicht erfüllen.

Rita hat ein Alkoholproblem. Der Alltagsbegleiter konfrontiert sie mit ihrem Trinkverhalten. Rita spricht sehr negativ über ihren Alltagsbegleiter und erwähnt das auch gegenüber ihrem Prozessbegleiter Keith. Keith hatte in der Vergangenheit in seinem Privatleben Eskalationen wegen Alkoholmissbrauch erlebt, und das ist der Grund, dass er entschieden keinen Alkohol trinkt und auch persönlich Schwierigkeiten damit hat, wenn andere übermäßig trinken. In seiner Funktion als Prozessbegleiter sollte er das aber nicht ausdrücklich missbilligen. Doch nonverbal vermittelt er ein deutliches Missfallen, und er fängt an, darüber zu sprechen, wie schlecht Alkoholkonsum sein kann. Ritas Problem ist auch Keiths Problem geworden. So kann er keine Prozessbegleitung leisten.

Dieses Beispiel zeigt, dass die Qualitäten eines Prozessbegleiters größte Genauigkeit erfordern. Es geht immer um den individuellen Prozess des einzelnen Klienten. Feedback erhält der Prozessbegleiter dabei sowohl vom Alltagsbegleiter als auch vom Team.
Es zeugt von hoher professioneller Moral, wenn ein Prozessbegleiter mitteilt, dass er wegen seiner eigenen klaren Haltung zu bestimmten Werten und Normen ein persönliches Problem mit der Meinung des Klienten bekommen hat. Im schlimmsten Fall muss dann die Beziehung zu dem Klienten beendet werden.
Die Vertrauensbindung zwischen Prozessbegleiter und Klient wirkt immer wechselseitig. So kann es dazu kommen, dass ein Klient zeitweise einen anderen Prozessbegleiter braucht, ohne dass dies eine Ursache in mangelnder Qualität des eigentlichen Prozessbegleiters hätte. Im folgenden Beispiel wird das verdeutlicht.

Robert und Petra haben sich in einer Wohnstätte kennen gelernt und ineinander verliebt. Ihre Beziehung entwickelt sich so, dass sie am liebsten in einer gemeinsamen Wohnung wohnen wollen. Ihre Familien und das Team möchten diesen Schritt von Herzen unterstützen. Als sie eine Wohnung gefunden haben, gehen Familien und Alltagsbegleiter zusammen mit ihnen Möbel und Hausrat einkaufen, um die Wohnung einzurichten. Nach ihrer Hochzeit nehmen zwei glückliche Menschen Abschied von ihrer alten Wohnstätte

und ziehen in ihre neue Behausung um. Alsbald nach diesem großen Schritt geht es Petra schlechter. Sie weint viel, behauptet aber gleichzeitig, dass es doch gut geht. Robert versteht das nicht. Beide haben den gleichen männlichen Prozessbegleiter, der sich immer ohnmächtiger fühlt. Auch Einzelgespräche mit Robert und Petra helfen nicht. Weil sich Petra immer nach dem Inhalt der Gespräche zwischen Robert und dem Prozessbegleiter erkundigt, merkt dieser, dass sich etwas zwischen den beiden abspielt.
Der Prozessbegleiter schlägt vor, dass Petra mit jemand anderem sprechen könnte. Nach einem Moment der Stille sagt Petra: „Gern mit einer Frau, aber ich bin nicht böse mit dir.“ Petra hat ein Frauenproblem, das ist jedenfalls ihre Meinung. Dies kann sie allein mit einer Frau besprechen, die sie versteht, weil sie die Sache so unangenehm finden würde wie sie selbst.

Sobald die neue Prozessbegleiterin Gespräche mit Petra führt, kann diese schnell sagen, was schief lief. Es war beim Einkauf der Wohnungseinrichtung auch ein Doppelbett gekauft worden. Alltagsbegleiter und die Familien haben auch Scherze darüber gemacht: „So, nun könnt ihr beide endlich hübsch zusammen kuscheln!“
Gar nicht hübsch, dachte Petra, aber sie wagte das nicht zu sagen, weil sie Angst hatte, dass man sie seltsam finden würde. Was die schönste Zeit in ihrem Leben werden sollte, das Heiraten und das gemeinsame Wohnen, wurde für Petra die größte Qual.
Was in unserer Gesellschaft eine voll akzeptierte Norm ist – wenn man zusammen wohnt, schläft man zusammen in einem Bett – wurde fast zum Untergang der Beziehung von Petra und Robert. Für uns ist es etwas so Normales, dass wir nicht einmal prüfen, ob das für jedermann gilt. Wie wäre es wohl für Petra weitergegangen, wenn sie keinen Prozessbegleiter gehabt hätte? Schließlich fand Petra selbst eine für sie akzeptable Lösung heraus. Während der Woche schläft sie im Gästezimmer, und am Wochenende schlüpft sie mit

zu Robert ins Bett. Robert hat gar keine Probleme damit. Als er von der Idee hört, ist seine erste Reaktion: „Dann werden jedenfalls alle Zimmer gebraucht, denn wir haben ja doch keine Gäste.“
Petra hatte ein Problem, und das hat sie mit Robert und mit der Unterstützung des Prozessbegleiters gelöst. Zeitweise brauchte Petra dabei die Hilfe einer Frau. Nun haben Robert und Petra zusammen wieder den männlichen Prozessbegleiter. Durch diese Prozessbegleitung erhielt der Alltagsbegleiter hilfreiche Informationen über Petras Werte und Normen.

Der Prozessbegleiter ist kein Therapeut

Eine notwendige Ausgangsposition für die Arbeit des Prozessbegleiters ist es, dass Gespräche entspannt verlaufen. Solange ein Klient nicht verbal oder nonverbal angibt, dass ihn etwas beschäftigt, gibt es kein Problem. Sind aber Anzeichen für Probleme zu erkennen, dann kann es so gravierend sein, dass therapeutische Hilfe nötig wird. Kein Prozessbegleiter sollte sich verführen lassen, Aufgaben zu übernehmen, für die er nicht ausgebildet wurde.

Sandra hat ihr Elternhaus schon in der Jugend verlassen müssen, weil ihre Eltern sie nicht erziehen konnten. In den Folgejahren hat sie in verschiedenen Pflegefamilien gewohnt und kam nach zwei Internaten in die Wohnstätte, wo sich nun eine Prozessbegleiterin und ein Alltagsbegleiter um sie kümmern. Anfangs findet Sandra die Gespräche mit der Prozessbegleiterin unheimlich. Der Umstand, dass sie jemandem gegenübersitzt und reden soll, bedrückt sie. Regelmäßig bleibt sie ohne Angabe von Gründen weg. Die Prozessbegleiterin bespricht diese Situation im Team. Als Rückmeldung bekommt sie die Empfehlung, die Beziehung zu Sandra noch niedrigschwelliger anzugehen, indem sie nicht spricht, sondern nur Dinge tut, die Sandra gefallen.

Unter anderem wird auch das Wort Prozessbegleitung abgeschafft, weil das für Sandra ein überladener Ausdruck ist.

Sandra genießt es, in die Stadt zu gehen und einzukaufen, also macht die Prozessbegleiterin mit ihr viele Male diesen einen Weg ins Zentrum der Stadt. Allmählich wird die Verbindung zwischen Sandra und ihrer Prozessbegleiterin solider, und zwar in dem Sinne, dass Sandra sich wohler zu fühlen beginnt. Sie erzählt Geschichten aus ihrer Vergangenheit, wobei sie traurig und angespannt wirkt. Sie war als Kind mehrere Male sexuell missbraucht worden und hatte das noch niemandem zu sagen gewagt.

Was den Inhalt dieser Probleme anbelangt, hört hier die Prozessbegleitung auf. Es gibt Prozessbegleiter, die das sehr schwierig finden, weil gerade durch ihre offene und ungezwungene Haltung erreicht worden ist, dass ihr Klient so viel Vertrauen empfand, um sich äußern zu können. Das bestätigt die gute Qualität der Arbeit des Prozessbegleiters.
Aber Prozessbegleiter haben keine therapeutische Ausbildung und dürfen sich deswegen nicht auf dieses Gebiet begeben. Es ist für einen Prozessbegleiter allein schwierig, die Grenze zu erkennen, ab der ein bestimmtes Problem therapeutische Behandlung erfordert. Es kann auch sein, dass ein Prozessbegleiter diese Grenze wegen seiner emotionalen Betroffenheit selbst nicht sieht. Dann ist das Team der Ort, an dem dies so objektiv wie möglich überprüft wird, z. B. indem Gespräche auf Video aufgenommen und dann interpretiert werden.
Die Funktion des Prozessbegleiters bleibt auch dann wichtig, wenn die Entscheidung für eine Therapie gefallen ist. Im weiteren Verlauf von Sandras Situation wird das deutlich.

Anfangs hat Sandra Schwierigkeiten mit dem Vorschlag ihrer Prozessbegleiterin, ihr Problem im Team vorzutragen. Sie schämt sich. Weil aber das Band des Vertrauens zwischen der Prozessbegleiterin und Sandra stark ist und sie sich dadurch sicher fühlt, stimmt sie zu, dass ein Gespräch

mit Video aufgezeichnet wird. Die Prozessbegleiterin konnte ihr ehrlich versichern, dass sie selbst nicht weiter wusste, aber sicher war, dass Sandra Hilfe brauchte.
Im Team wurde beschlossen, Sandra den Rat zu geben, eine Therapie aufzusuchen. Unter der Bedingung, dass ihre Prozessbegleiterin mitgeht, stimmt Sandra zu. Das ist ein sehr positives Zeichen, denn in diesem Moment bleibt die Prozessbegleiterin Sandras Unterstützerin und braucht sich nicht mit den Inhalten des Problems zu befassen.
Nach der ersten Therapiesitzung zeigt sich, wie wertvoll die Position der Prozessbegleiterin ist. Bei dem ersten Gespräch hat Sandra kaum sprechen können. Die Therapeutin äußerte am Ende des Gespräches die Bitte, für den folgenden Termin eine Reihe von Gesprächspunkten aufzuschreiben. Darauf antwortet Sandra bestätigend. Wieder draußen – die Prozessbegleiterin wartete während des Gesprächs im Flur – ist Sandras erste Reaktion: „Hier geh ich nicht mehr hin, was für eine dumme Person!“ Es dauert ein paar Tage, bis sie die Katze aus dem Sack lässt. Sandra hatte zwar bestätigt, dass sie Gesprächspunkte aufschreiben wollte, aber nicht gesagt, dass sie nicht schreiben konnte. Folglich traut sie sich nicht mehr, hinzugehen. Die Prozessbegleiterin bietet Sandra ihre Unterstützung an, herauszufinden, was sie besprechen möchte, und macht gleichzeitig den Vorschlag, die Gespräche mit der Therapeutin aus dem Hintergrund zu begleiten. Das ist für Sandra eine Erleichterung.

Im Laufe der Sitzungen nimmt die Prozessbegleiterin regelmäßig Kontakt mit der Therapeutin auf, um zu übersetzen, wie Sandra ist und welche Art Erlebenswelt sie hat. Außerdem ist die Prozessbegleiterin auf Sandras Vorschlag hin seit dem zweiten Gespräch bei den Therapiestunden anwesend.
Es fällt Sandra noch schwer, ihre Probleme zu verarbeiten, aber sie wagt es, darüber zu sprechen, und das ist schon eine große Erleichterung.

Grenzen der Vertraulichkeit zwischen Klient und Prozessbegleiter

Vertraulichkeit ist ein sehr wichtiger Ausgangspunkt der Beziehung zwischen Klient und Prozessbegleiter. Klienten haben es regelmäßig schon erlebt, dass ihr Vertrauen missbraucht wurde und dass private Informationen jedermann bekannt wurden. Mitunter wird leicht mit einer Art Humor über Klienten gesprochen. Würde auf die gleiche Weise über „normale" Personen gesprochen, würden diese sich verletzt fühlen.

Obwohl das Vertrauen in jemanden ein hohes Gut ist, gibt es auch hierfür Grenzen. Prozessbegleiter geraten mitunter in ein Dilemma. In solchen Momenten spielt die Professionalität des Prozessbegleiters, aber auch das Verständnisniveau des Klienten eine wichtige Rolle. So erlebte ich als Prozessbegleiter eine Situation mit einem Klienten, der, ehe er zu uns kam, wegen unsittlichen Verhaltens gegenüber minderjährigen Kindern in Sicherheitsverwahrung gelebt hatte. Während eines beliebigen Gesprächs, bei dem es überhaupt nicht um dieses Thema ging, sagte er urplötzlich, „Noch ein halbes Jahr, dann tue ich es wieder." Ich fragte ihn: „Was meinst du?" Er: „Dann ist die Sicherungsverwahrung vorbei und dann darf ich wieder mit Kindern spielen."

Das war seine sichere Überzeugung. Auf Nachfrage wurde klar, dass niemand ihm je erklärt hatte, was Sicherungsverwahrung tatsächlich bedeutet. In einer solchen Situation ist es nötig, die Information über den Klienten weiterzugeben, ohne dass er davon zu wissen braucht. Die Belange möglicher Opfer sind dann höher zu bewerten, als die Belange des Klienten. Das Vertrauen aber wird (zeitweilig) gebrochen.

Die Bewährungshilfe wurde eingeschaltet und sorgte dafür, dass der Klient die Informationen bekam und klar verstand, was Sicherungsverwahrung bezweckt. Anschließend konnte ich prüfen, ob der Klient das verstanden hat. Dreimal musste der Sozialarbeiter wiederkommen, ehe der Klient ganz verstand, was es für ihn bedeutete.

An diesem Beispiel zeigt sich, dass die Funktion des Prozessbegleiters verschiedene Facetten hat. In der Praxis ergeben sich immer wieder andere Situationen, und wir erkennen überrascht die

Erlebenswelt eines Klienten. Durch unsere Art der Begleitung – und dadurch des Verstehens von Klienten – dürfte es wesentlich seltener zu Eskalationen kommen.

2.3 Der Alltags- oder Arbeitsbegleiter

Der Alltags- oder Arbeitsbegleiter kann ohne Prozessbegleiter nicht sinnvoll arbeiten, folglich muss es ein Gleichgewicht zwischen beiden Funktionen geben, um Klienten verantwortlich zu begleiten. Im Kapitel 2.2 über den Prozessbegleiter zeigte ich, dass beide Funktionen gleichermaßen wichtig sind.

Zum Gebrauch der Begriffe: In unserer Methodik arbeiten wir mit einem Alltagsbegleiter für Klienten in ihrer Wohnumgebung und mit einem Arbeitsbegleiter in Tagesstätten, Werkstätten für behinderte Menschen oder bei Arbeitsplätzen auf dem freien Arbeitsmarkt usw.
Im Gegensatz zur Funktion des Prozessbegleiters trägt der Alltagsbegleiter sehr wohl Verantwortung gegenüber dem Klienten und kann auch Grenzen bestimmen. Allerdings wird seine Bestimmung solcher Grenzen durch den Prozessbegleiter geprüft. Der Alltagsbegleiter hat nämlich eine Machtposition inne, und bei Feedbacks wird immer wieder nachgesehen, ob seine Macht zu Recht oder zu Unrecht ausgeübt wurde. Selbstbestimmung und Eigenverantwortung des Klienten sind immer die Ausgangsposition. Im Entwicklungsprozess eines Klienten kann beispielsweise anfänglich gerechtfertigte Machtausübung in einem späteren Stadium nicht mehr zu rechtfertigen sein.

> Inge hat Essprobleme. Sie ist korpulent, darum hat ihr Alltagsbegleiter ihr eine genaue Liste aufgestellt, nach der sie am besten die Mengen ihrer Speisen bemessen kann. Inge hält sich gut an diese Liste und wird schnell schlanker. Nach einiger Zeit sagt Inge, dass sie nicht mehr nach dieser Liste vorgehen möchte, weil sie das kindisch findet. Damit hat der Alltagsbegleiter ziemliche Schwierigkeiten und zwingt sie, doch nach der Liste vorzugehen. Inge magert ab.

In diesem Beispiel verschiebt sich ein begründeter Einsatz von Macht zum Unrecht. Der Alltagsbegleiter verwehrt seiner Klientin, ihren eigenen Weg zu finden und selbst die Verantwortung für ihr Essverhalten zu übernehmen.
Unser Ausgangspunkt ist, dass Klienten von selbst etwas lernen. Wenn das nicht gelingt, kann der Alltagsbegleiter immer noch auf seine Liste zurückgreifen.
Die Grenze zwischen rechtem und unrechtem Machtgebrauch ist schwer zu definieren, wenn man als Einziger die Verantwortung trägt. Ohne Prüfung ist in solchen Situationen die Neigung viel größer, nach den eigenen Bezugsmaßstäben zu reagieren und bestimmender zu arbeiten, ohne die Selbstbestimmung und die Entwicklung des Klienten genügend zu berücksichtigen. Wenn die Beziehung zwischen Alltagsbegleiter und Klient gut ausbalanciert ist, gibt es zwischen ihnen seltener Konfrontationen, denn alles geschieht wohl überlegt, wobei der Alltagsbegleiter den Klienten unterstützt und ihm in Situationen, die er nicht überschaut, hilft.
Inhaltlich ist der Alltagsbegleiter für das Wohlbefinden des Klienten verantwortlich. Tatsächlich dreht sich alles um die Beziehung zwischen diesen beiden, und der Alltagsbegleiter darf einerseits die Entwicklungsmöglichkeiten des Klienten nicht behindern, muss andererseits aber verantwortlich eingreifen, wenn es um Situationen von Überforderung geht.
Regelmäßige Kontakte zum Klienten sind für den Alltagsbegleiter von grundlegender Bedeutung, damit er die Grenzen zwischen Selbstbestimmung und Überforderung aufmerksam beobachtet.
Der Alltagsbegleiter arbeitet auf verschiedenen Gebieten. Er beschäftigt sich mit den praktischen und den sozialen Fähigkeiten des Klienten, er hilft ihm bei Geldproblemen, bei der Wahl für Tages- oder auch Zukunftspläne, und er unterstützt den Klienten im alltäglichen Ablauf, z. B. bei der Pflege seiner Wohnung, bei Hygiene und Kleidung.

2.4 Gesprächsaufbau

Sowohl für Gespräche zwischen Arbeitsbegleiter als auch Prozessbegleiter und dem Klienten sind Rahmenbedingungen sinnvoll. Die Praxis hat gezeigt, dass Gespräche nicht länger als eine halbe Stunde dauern dürfen, wenn die Konzentration beider Parteien optimal sein soll. Einen Anhalt gibt das folgende Schema:

Gesprächsdauer 30 Minuten

Sammeln der Besprechungspunkte (5 Minuten):	– Besprechungspunkte des Klienten – Besprechungspunkte des Begleiters – Rückkopplung an das vorherige Gespräch
Besprechung dieser Punkte (20 Minuten)	
Ausklang (5 Minuten):	– Wiederholung der Absprachen – Festlegung von Besprechungspunkten für das nächste Treffen

Die ersten fünf Minuten werden verwendet, um sozusagen die Tagesordnung aufzustellen. Es geschieht häufig, dass Klienten mit der Tür ins Haus fallen, wenn ein Problem sie plagt. In solchen Fällen ist die Wahrscheinlichkeit groß, dass Sie die Übersicht verlieren und dass der Klient immer wieder neue Klagen vorbringt. Für die Tagesordnung bringen Klienten selten mehr als zwei Punkte ein.

Das Aufstellen einer Tagesordnung beinhaltet, dass der Klient angibt, worüber er sprechen will, und dass gleichzeitig der Begleiter Besprechungspunkte einbringen kann. Dabei gibt es einen wesentlichen Unterschied, je nachdem ob sie Prozessbegleiter oder Alltagsbegleiter sind. Ein Alltagsbegleiter würde wie üblich einen Tagesordnungspunkt einbringen, mit dem er sich beschäftigen möchte. Für einen Prozessbegleiter liegen die Dinge aber anders. Es kann z. B. eine Situation entstehen, in der ein Klient sagt, dass er über einen bestimmten Punkt nicht reden möchte. Das muss ein Prozessbegleiter respektieren. Würde er jedoch darauf bestehen,

Punkte zu besprechen, die der Klient ablehnt, könnte das dem Vertrauen zwischen beiden schaden.

> Ein Arbeitsbegleiter sagt im Team, dass Fanny einem Mitarbeiter Geld geklaut hat. Darüber möchte der Prozessbegleiter bei seinem nächsten Treffen mit ihr sprechen. Fanny weigert sich aber und will darüber nicht reden. In dem Moment lässt der Prozessbegleiter diesen Punkt fallen. Er respektiert immer ihre Wünsche. Er könnte sie höchstens fragen, woher es kommt, dass sie darüber nicht sprechen möchte.

Für die Praxis bedeutet das, dass Klienten sehr sensibel wahrnehmen, ob sie ernst genommen werden. Sind sie sich dieses Respekts sicher, dann scheint großes Vertrauen zu wachsen, und die Klienten kommen selbst als Erste zu ihrem Prozessbegleiter, um sensible oder intime Dinge zu besprechen, weil sie allein damit nicht klarkommen.
Einteilung und Benutzung eines Raums kann für Klienten bedeutungsvoll sein. Fast jeder Klient fühlt sich an einem bestimmten Ort wohl oder auch gerade nicht, und das ist individuell sehr verschieden. Manche finden es angenehm, einander gegenüberzusitzen, andere sitzen lieber gemütlich nebeneinander. Vieles kann deutlich werden, wenn sie auf nonverbale Situationen achten und diese z. B. auch benennen.

> Der Alltagsbegleiter merkt, dass Stefan sich mit einem Problem herumschlägt. Stefan starrt still vor sich hin, sagt nichts und meidet Augenkontakt. Der Alltagsbegleiter kommt nicht recht weiter, und Stefan entzieht sich immer mehr. Der Arbeitsbegleiter bittet den Prozessbegleiter zu sehen, was er tun kann. Nach einer Reihe von Gesprächen mit dem Prozessbegleiter sagt Stefan, dass er die Stimme des Alltagsbegleiters nicht vertragen kann und es sehr schwierig findet, wenn sie einander gegenübersitzen. Dann verlangt der Alltagsbegleiter nämlich jedes Mal, dass Stefan ihn anschauen soll, was ihn völlig blockiert.

Nach einiger Zeit kann Stefan dem Prozessbegleiter sagen, was er braucht, um sich während eines Gesprächs wohler zu fühlen.
Während der Prozessbegleitung geschieht etwas spontan, indem Stefan seinen eigenen Beitrag dazu selbst bestimmen kann: Ihm ist es viel lieber zu spazieren oder Fahrrad zu fahren, damit er nicht zu nahe mit dem anderen in einem Raum sein muss. Das nämlich erlebt er insbesondere in Momenten, wenn er nach seiner Sicht von anderen zum Sprechen gezwungen wird. So waren die Gespräche mit dem Alltagsbegleiter nur schleppend verlaufen. Stefan konnte dem Alltagsbegleiter die Gefühle, die ihn in solchen Situationen überkamen, nicht erklären.
Nach der Rückmeldung des Prozessbegleiters fängt der Alltagsbegleiter an, regelmäßig mit Stefan Radtouren zu unternehmen. Geht es um schwierige Gesprächsinhalte, nehmen sie auch das Auto. Der Alltagsbegleiter muss auf die Straße achten und kann Stefan folglich nicht anschauen, so kann dieser leichter seine Worte finden. Auch scheint, dass die Schwierigkeit, die Stefan mit der Stimme des Alltagsbegleiters hatte, eigentlich nicht ausschlaggebend war. Er hatte nicht gewusst, wie er sein Problem in Worte fassen könnte und darum gesagt, dass er die Stimme des Arbeitsbegleiters nicht vertragen konnte.

Merkpunkte für Arbeits- und Prozessbegleiter

Nehmen Sie sich ausreichend Zeit, die Besprechungspunkte zu sammeln.

- Lassen Sie im Prinzip als Erstes den Klienten seine Punkte benennen. Er trägt damit Verantwortung für das Gespräch.
- Schaffen Sie für Klienten mit einem niedrigen Entwicklungsniveau ein verlässliches Ritual (siehe auch Kapitel 3.1).
- Geben Sie regelmäßig Zusammenfassungen des Gesprächs und prüfen Sie, ob Sie einander verstanden haben, um so Überforderung zu verhindern; tun Sie das auch während des Gesprächs.

- Wählen Sie einen Raum, in dem Sie nicht gestört werden können (z. B. ein Zimmer, das Sie abschließen können, ohne störendes Telefon).
- Sprechen Sie nicht länger als eine halbe Stunde; das ist für Ihre eigene Konzentration nötig, aber auch für die des Klienten. Falls nötig, stellen Sie einen Wecker zur Zeitkontrolle.
- Versuchen Sie, einen regelmäßigen Gesprächsrhythmus aufzubauen. Ein Treffen pro Woche ist nach unserer Praxiserfahrung sowohl für die Begleiter als auch für die Klienten nötig. Damit wird eine solide Beziehung aufgebaut, und Sie können Prozesse gut verfolgen.
- Zeichnen Sie regelmäßig ein Gespräch mit Videokamera auf. So können Sie andere Teammitglieder an den Entwicklungsprozessen zwischen Ihnen und dem Klienten teilhaben lassen und ermöglichen effiziente Rückmeldungen (siehe auch Kapitel 3.2).

2.5 Gutachten und Jahresbericht

Entwicklungsberichte über Klienten haben eine wichtige Rolle im Fortgang der Begleitung. Viele Ereignisse werden dabei ohne ein spezielles Ziel aufgeschrieben. Ein Fallstrick solcher Dokumentationen besteht darin, dass sie manchmal eher ein Urteil des Begleiters wiedergeben, statt eine Beschreibung des Verhaltens eines Klienten (siehe auch Kapitel 5.2).
Berichte sollen so objektiv wie möglich sein. Wenn vermerkt wird, dass ein Klient schwierig ist, kann das auch viel über den Begleiter sagen. Auch der kann immer mal einen schlechten Tag haben. Andererseits ist es auch vorstellbar, dass ein Begleiter sich gelegentlich seine Machtlosigkeit und Frustration (z. B. nach einem Konflikt) von der Seele schreiben will und das in einem Bericht tut. Der Begleiter muss dann aber sehr genau bedenken – und das auch erwähnen – dass er hier ein Problem hat.
In unserer Methodik sind Berichte von Bedeutung, um Informationen für den Alltags- und den Prozessbegleiter zu bekommen, damit diese das Team beraten und Aufgaben delegieren können.

Berichte müssen deswegen effizient und übersichtlich sein. Wie sehen Tagesberichte in der Praxis aus? In unserer Methodik arbeiten wir meistens mit vier Bestandteilen:

1. Bericht des Prozessbegleiters
Der Prozessbegleiter legt kurz und bündig nieder, was der Inhalt des wöchentlichen Treffens mit dem Klienten war. Häufig wird der Klient dabei beteiligt. Aus der Position des Prozessbegleiters heraus ist die Beschreibung immer eine Tatsachenbeschreibung (so objektiv wie möglich); er soll nicht Partei ergreifen. Durch das System der wöchentlichen Berichte wird es leichter, eine einmal beschriebene Linie zu verfolgen, und Entwicklungsprozesse werden sichtbar.

2. Bericht des Alltagsbegleiters
In diesen Berichten werden hauptsächlich sachliche Absprachen mit dem Klienten notiert oder beispielsweise auch Absprachen mit seiner Familie. Darüber hinaus geben sie den Inhalt von Gesprächen wieder und halten erzielte Fortschritte fest. Die Inhalte dieser Berichte können subjektiv sein, weil der Alltagsbegleiter anders als der Prozessbegleiter Verantwortung trägt.

3. Medizinische Berichte
Es ist sinnvoll, medizinische Vorgänge separat zu beschreiben, um gegebenenfalls rasch darauf zugreifen zu können. Manchmal muss medizinische Information akut verfügbar sein, und ein Blatt, auf dem alle Angaben zusammengefasst sind, bringt Klarheit (z. B. bei Epilepsie der Einfluss der Medikation, die Zahl der Anfälle).

4. Berichte des Teams
In der Arbeit nach unserer Methodik liegt die Hauptverantwortung beim Prozessbegleiter und beim Alltagsbegleiter. Weitere Mitarbeiter, die diese Funktionen nicht ausüben, aber doch mit dem Klienten zu tun haben, erhalten mehr die Position von Beobachtern. Für Prozessbegleiter und Alltagsbegleiter ist es sehr wichtig, dass sie auch von Ereignissen, die sich außerhalb ihres Beobachtungsrahmens abspielen, Kenntnis erhalten. Diese Berichte sollten so objektiv wie möglich geschrieben werden, mit anderen Worten, überwiegend Verhaltensbeschreibungen enthalten und wenige Beurtei-

lungen (siehe auch Kapitel 2.8). Alltagsbegleiter und Prozessbegleiter sind nicht immer anwesend. Durch die Teamberichte können sie Empfehlungen geben.

> Bei Gesprächen mit ihrem Prozessbegleiter zeigt sich, dass Wilma ziemliche Schwierigkeiten hat, abends einzuschlafen. Sie fühlt sich dann sehr unruhig und liegt Stunden wach. Wilma hat selbst einen Vorschlag, wie die Unruhe gestillt werden kann. Als sie Kind war, haben ihr Märchenvorlesungen vor dem Einschlafen ein Gefühl der Sicherheit gegeben. Das kann der Prozessbegleiter natürlich nicht jeden Abend selbst machen und delegiert diese Aufgabe an ein Teammitglied der Abendschicht. In den Teamberichten wird das notiert.

Hilfeplan

In der Praxis werden häufig Hilfepläne, auch Betreuungspläne genannt, eingesetzt. Dabei handelt es sich um einen Vorgang der Evaluation, wobei (meist jährlich) rückblickend beschrieben wird, wie die Entwicklung eines Klienten war, und worin auf der Basis dieser Evaluation neue Zielsetzungen formuliert werden. Meist wird dieser Hilfeplan von verantwortlichen Betreuern geschrieben. Leicht kann es zu einer sehr einseitigen Evaluation kommen, weil Meinung und Sicht dieses Betreuers der Ausgangspunkt dafür sind, das verführt dazu, nicht aus der Sicht des Klienten zu schreiben.
Der besondere Effekt unserer Methodik liegt gerade darin, dass immer zwei Hilfepläne geschrieben werden: Einer des Alltagsbegleiters und einer des Klienten mit Hilfe des Prozessbegleiters. Wenn diese zwei Pläne vorliegen, wird inhaltlich anders gesprochen und die Stimme des Klienten kommt viel deutlicher zum Zuge.

2.6 Die Zusammenarbeit von Prozess- und Alltagsbegleiter

In jeder Betreuungssituation geht es um Prozesse. Auch in dieser Hinsicht nimmt die Zusammenarbeit zwischen Prozess- und Alltagsbegleiter einen wichtigen Platz ein. Man kann sich nämlich der Funktionen des jeweils anderen bedienen. Das soll mit vier Merkpunkten, die häufig in der Praxis vorkommen, besprochen werden:

1. Prüfen, ob Klient und Alltagsbegleiter einander verstehen
Der Alltagsbegleiter eines Klienten merkt, dass dieser Schwierigkeiten hat, Absprachen einzuhalten. Obwohl er in Gesprächen gesagt hatte, dass er damit einverstanden ist, geht es doch jedes Mal schief. Bei einer Beratung mit einem Prozessbegleiter bittet er diesen zu prüfen, ob der Klient die Absprachen überhaupt verstanden hat. Der Prozessbegleiter kommt beim nächsten Treffen mit dem Klienten schnell darauf, dass dieser Schwierigkeiten hat, zu verstehen, was sein Alltagsbegleiter meint. Dieser Alltagsbegleiter ist zu sehr auf sprachliche Verständigung eingestellt, und der Klient sagt ja zu allem, was er ihm vorschlägt.

2. Ist der Klient zu sehr vom Prozessbegleiter abhängig?
Regelmäßig merkt ein Alltagsbegleiter, dass seine Klientin Imke bekräftigt, dass ihr Prozessbegleiter ebenso denkt wie sie. Der Alltagsbegleiter fühlt sich dadurch in seiner Arbeit eingeschränkt. Auf Nachfrage zeigt sich, dass sich der Prozessbegleiter dieser Sache gar nicht bewusst ist. Um nicht nur über bloße Behauptungen zu diskutieren, verabreden sie, ein Gespräch zwischen Prozessbegleiter und Klientin auf Video aufzunehmen. Diese Aufnahme lässt klar erkennen, dass der Prozessbegleiter mit seiner Haltung Antworten gibt, die Imke für sich übersetzt als: Er ist mit mir einer Meinung. Es scheint ihr schwer zu fallen, auf ihre eigenen Wünsche zu achten und damit zu lernen, ihre Wahl zu treffen.

3. Wer beginnt das Gespräch?
Vor allem in Konfliktsituationen sollte von vornherein zwischen Prozess- und Arbeitsbegleiter überlegt werden, wer das Gespräch

darüber beginnt. In der Praxis ergibt es sich häufig, dass der Alltagsbegleiter automatisch das Gespräch sucht – infolge eines Verhaltens des Klienten, das nicht akzeptiert werden kann – um den Klienten damit zu konfrontieren. Ist es aber nicht auch möglich, erst nachzusehen, woher es kommt, dass ein bestimmtes Verhalten gezeigt wird? Oft haben Klienten gute Gründe für ein nicht akzeptables Verhalten. Eine Konfrontation mit dem Alltagsbegleiter kann damit verhindert werden.

> In einer Werkstätte für behinderte Menschen wurde mit allen Klienten eine Untersuchung zur Arbeitszufriedenheit durchgeführt, und dabei wurde auch gefragt, welche Arbeit die Klienten am liebsten hätten. Die Befragungen finden in Gruppen während der Pausen statt. Sophie, seit Jahren mit der Herstellung von Matten beschäftigt, kann sich verbal nicht äußern. Auch sie nimmt am Gespräch teil, reagiert aber nicht darauf.
>
> Nach der Pause packt Sophie ihre Tasche und geht in die Kerzenzieherei. Der Arbeitsbegleiter sieht das und fragt sie, ob sie sich vielleicht verlaufen hat. Sophie reagiert nicht und schaut einfach vor sich hin. Nach einer Weile sagt ihr der Arbeitsbegleiter, dass sie wieder in ihre Abteilung gehen soll. Sophie beginnt heftig zu schreien und mit ihrer Tasche um sich zu schlagen. Es folgt eine heftige Konfrontation. Die Werkstätte arbeitet mit Prozessbegleitern zusammen. In deren Gespräch zeigt sich, dass Sophie während des Gesprächs in der Pause verstanden hatte, dass sie auswählen könnte, wo sie arbeitet. Hätte es dieses Gespräch mit dem Prozessbegleiter zuerst gegeben, wäre es nicht zu einer Eskalation gekommen.

4. Die gezielte Einbeziehung von Prozessbegleitern bei Konflikten
Auch in anderer Hinsicht kann ein Alltagsbegleiter Prozessbegleiter einsetzen, und zwar, um zu klären, wie Klienten auf die Konfrontationen mit ihrem Alltagsbegleiter reagieren. Natürlich gibt es Situationen, in denen ein Klient so grenzüberschreitendes Ver-

halten zeigt, dass der Alltagsbegleiter eingreifen muss. Wichtig bei einer Konfrontation ist, ob der Klient den Ärger des Alltagsbegleiters versteht. Es könnte nämlich auch sein, dass der Klient den Alltagsbegleiter foppen wollte oder dass er ihm gegenüber Widerstände aufbaut. In solchen Situationen ist es ein Muss, den Prozessbegleiter in die Interaktionen einzubeziehen.

Vier Klienten wohnen in einem Reihenhaus. Für ihr Essen haben sie ein festes wöchentliches Budget zur Verfügung. Im Laufe der Zeit stellt sich heraus, dass der größere Teil des Budgets nicht für Essen, sondern für Getränke ausgegeben wird. Der Alltagsbegleiter appelliert mehrere Male an das Verantwortungsgefühl der Gruppe, aber das Resultat ist gleich null.

Nach Beratung im Team beschließt der Alltagsbegleiter endlich, die Verwaltung des Budgets wieder selbst in die Hand zu nehmen: Die Gruppe muss Kassenbons ihrer Einkäufe vorlegen. Weil er annimmt, dass das starken Widerstand erzeugen wird, bittet er den Prozessbegleiter, noch am selben Tag in der Gruppe nachzusehen, wie die Atmosphäre ist und welche Art von Reaktionen es gibt. Als der Prozessbegleiter kommt, herrscht dicke Luft. Die Klienten sind wütend auf den Alltagsbegleiter, der sich nach ihrer Sicht in ihr Leben eingemischt hat. Sie fühlen sich in ihrer Freiheit enorm eingeschränkt.

Der Prozessbegleiter merkt, dass die Klienten die Sanktionen überhaupt nicht verstehen, auch nicht wissen, was an Alkohol schlecht sein soll. Das gehört doch dazu, wenn man ein Mann ist, und man bekommt viel mehr Besuch, der auch gern ein Gläschen mittrinkt.

Manchmal sind schnelle Eingriffe nötig, und die wechselseitige Kommunikation gestaltet sich schwierig. Es ist die Aufgabe des Prozessbegleiters, beide Parteien wieder *on speaking terms* zu bringen. Selbstverständliche Bedingung ist, dass der Prozessbegleiter vom Problem selbst nicht betroffen ist.

2.7 Prozess- und Alltagsbegleitung von Gruppen

Die größte Veränderung, die Klienten errungen haben, seit wir sie ernst nehmen, ist, dass eine große Anzahl von ihnen in kleineren Wohnangeboten lebt. Viele Wohnheime haben sich von der Gruppenorganisation ihrer Wohnangebote verabschiedet und mieten in der Nähe ihrer Wohneinrichtung Reihenhäuser oder Wohnungen, in die Klienten einziehen.
Für die Klienten ist dies eine große Veränderung. Dabei sind die praktischen Fähigkeiten, die sich Klienten dafür aneignen müssen, von untergeordneter Bedeutung. Ihr Umfeld kann vieles für sie besorgen. Für Essen und Einkauf kann gesorgt werden, sie müssen nicht selbst das Haus sauber machen, und es gibt Freizeitklubs auch für die Unterhaltung am Abend.
Die Fähigkeiten, denen wir insbesondere unsere Aufmerksamkeit widmen müssen, sind das Kommunizieren in der Gruppe, das Sich-miteinander-Beraten, das gegenseitige Rücksicht-Nehmen, das Besprechen und Lösen von Problemen. Es ist ein fortgesetzter Prozess, bei dem Klienten viel Zeit brauchen. Die meisten von ihnen haben in großen Gruppen gewohnt und kaum nachdenken müssen, weil vieles für sie bestimmt wurde.

Merkpunkte der Gruppenbegleitung für Prozessbegleiter

Merkpunkte für die Begleitung von zwei, drei oder vier Klienten gleichzeitig:

1. Begleiten Sie Gruppen zu zweit und wählen Sie z. B. die folgende Rollenverteilung:
   Begleiter A: Gesprächsleitung;
   Begleiter B: beobachtet und ergänzt Begleiter A und unterstützt einzelne Klienten.

2. Zwei Faustregeln zur Absprache mit Klienten:
   Faustregel A: Jeder kommt an die Reihe, seine Dinge vorzutragen.
   Faustregel B: Die anderen hören dem Sprecher zu.

3. Legen Sie Gespräche so an, wie schon bei der individuellen Gesprächstechnik angegeben wurde.

Gesprächsdauer 30 Minuten

Sammeln der Tagesordnung (5 Min.):	– Besprechungspunkte der Klienten – Besprechungspunkte der Begleiter – Besprechungspunkte des vorherigen Treffens
Besprechung der genannten Punkte (20 Min.)	
Ausklang (5 Min.):	– Wiederholung der Absprachen – Absprachen für das kommende Treffen

4. Auch für die Begleitung von Gruppen ist eine Atmosphäre von Toleranz, Akzeptanz und Vertrauen sehr wichtig.
5. Achten Sie auf die Einhaltung der Zeit und dass sich das Gespräch um die genannten Tagesordnungspunkte dreht.
6. Es ist günstig für Wohngruppen von etwa drei oder vier Klienten, zwei Prozessbegleiter einzusetzen. Diese können dann bei den Gruppengesprächen eine Aufgabenteilung vornehmen: Einer leitet das Gespräch, und der andere unterstützt Klienten in der Kommunikation miteinander.
   Diese zwei Begleiter übernehmen auch die individuelle Begleitung der Gruppenmitglieder. Das ist ganz besonders wichtig, denn die Prozessbegleiter sind auf diese Weise in der Lage, Klienten individuell auf ein Gespräch mit ihren Mitbewohnern vorzubereiten. Auf diese relativ einfache Weise können Sie Klienten helfen, besser für sich selbst einzutreten, sich besser auszudrücken usw.
   Selbstverständlich gilt auch hier, dass die Prozessbegleiter ihre Klienten bei Problemen untereinander oder mit den Alltagsbegleitern betreuen, ohne sie mit ihrer Meinung zu beeinflussen. So bleiben die Probleme Sache der betroffenen Klienten oder der Alltagsbegleiter.

7. Auch hier sind alle Punkte von Bedeutung, die schon bei der individuellen Begleitung genannt wurden:
   - Gut zuhören.
   - Deutlich und konkret sprechen.
   - Nicht stellvertretend antworten, sondern offene Fragen stellen.
   - Warum-Fragen vermeiden.
   - Benennen Sie Dinge, die Sie am Klienten sehen, z. B. Gesichtsausdruck oder Körperhaltung, um zum Sprechen anzuregen.
   - Verhalten Sie sich einladend.

Merkpunkte für die Gruppenbegleitung durch Alltagsbegleiter

Die sieben Merkpunkte, die für die Prozessbegleiter gelten, sind auch für die Arbeit der Alltagsbegleiter anwendbar. Es gibt für sie aber auch Besonderheiten. So soll der Alltagsbegleiter Klienten durchaus mit grenzüberschreitendem Verhalten konfrontieren. Er ist ja verantwortlich für den guten Ablauf des Alltags in der Gruppe. Während empfohlen wird, zwei Prozessbegleiter für eine Gruppe von drei oder vier Klienten einzusetzen, hat die Praxis gezeigt, dass ein Arbeitsbegleiter diese Aufgabe erfüllen kann. Mit Hilfe einer gezielten Begleitung durch Prozessbegleiter sind Gruppen ausgeglichener, und der Alltagsbegleiter kann verschiedene Aufgaben an die Gruppe delegieren. Für die Gruppe selbst ist es übersichtlicher, wenn sie nur mit einem Alltagsbegleiter zu tun hat.

2.8 Das Teammitglied als Beobachter

Es ist für Klienten übersichtlicher, wenn alle Fäden beim Alltags- und beim Prozessbegleiter zusammenlaufen. Für die Praxis bedeutet das, dass Mitarbeiter, die keine der beiden Funktionen ausüben, sich zurückhalten müssen und sich nicht einmischen.

Gerrit muss morgens um sieben Uhr aufstehen, um rechtzeitig zur Arbeit zu kommen. Am letzten Abend ist es spät geworden, und Gerrit hat schon gesagt, dass er keine Lust hätte, arbeiten zu gehen. Um halb acht ist er noch nicht am Frühstückstisch, und der Mitarbeiter geht in sein Zimmer, um ihn zum Aufstehen zu bringen, weil er sonst zu spät zur Arbeit kommt. Gerrit öffnet die Augen, sagt, dass er krank ist und ob der Begleiter in der Werkstatt anrufen könnte.

In so einem Moment liegt es nahe – Sie wissen ja, dass er nicht krank ist – den Klienten zur Arbeit zu schicken. Nach unserer Methodik ist das aber nicht möglich. Auch wenn der Betreuer findet, dass die in Frage stehende Person nicht krank ist, darf er sie in so einer Situation nicht zur Arbeit schicken. Es sind in diesem Moment die eigenen Normen des Mitarbeiters, die sein Tun beeinflussen. Allerdings könnte er seine Schwierigkeiten dem Klienten gegenüber mit einer Ich-Botschaft äußern und dem Alltagsbegleiter von dieser Situation berichten. Ausschließlich der Alltagsbegleiter ist die Person, die den Klienten damit konfrontiert.

Ein häufig vorkommendes Problem ist das Essverhalten einiger Klienten. So auch bei Janna. Janna hat ein Essproblem. Wenn sie die Wahl hätte, würde sie den ganzen Tag essen. Der Alltagsbegleiter hat Absprachen mit ihr getroffen, um ihr Übergewicht wieder auf ein vertretbares Niveau zu bringen. Eine dieser Absprachen lautet, dass Janna während warmer Mahlzeiten ihren Teller nur einmal füllen darf. Janna ist damit einverstanden, aber während der Mahlzeiten findet sie das doch sehr schwierig. In dem Moment, in dem sie sich ein zweites Mal Essen auftun will, konfrontiert der Begleiter sie mit der Tatsache, dass sie sich nicht an die Absprache hält. Jannas Reaktion ist vorhersehbar: „Beim ersten Mal habe ich so gut wie nichts auf meinen Teller getan.“ Es kommt zum Streit, Einmischung der Mitbewohner, und es herrscht beim Essen dicke Luft.

Solche Situationen kommen in Einrichtungen häufig vor. In unserer Methodik der wachsenden Gleichwertigkeit haben wir folgende Lösung dafür gefunden.

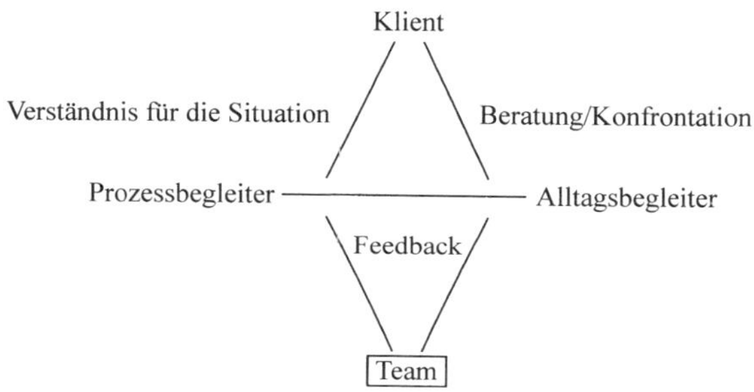

Außer dem Prozessbegleiter und dem Alltagsbegleiter haben die übrigen Teammitglieder keine oder kaum eine begleitende Rolle gegenüber den Klienten. Ihre vornehmlichste Aufgabe ist die Beobachtung der Klienten und diese Beobachtung z. B. durch die Berichte an die Direktverantwortlichen, den Prozessbegleiter und den Alltagsbegleiter, weiterzugeben. Bei Bedarf sollen sie auch die Klienten an diese Personen weiterverweisen.
Das bedeutet aber nicht, dass die Mitarbeiter nichts mehr dürfen. Außer zu beobachten, sollen die Begleiter Klienten auch aufmerksam zuhören. Nur zu bestimmen haben sie nicht mehr. Dadurch kann der Klient seinen eigenen Entwicklungsprozess immer mehr selbst bestimmen, und Begleiter werden kontinuierlich daran erinnert, dass sie in erster Linie unterstützend arbeiten und nicht die so und sovielste Person sind, deren Auffassung gilt.

Fortsetzung der Situation von Janna
Der Begleiter kann mit einer Ich-Botschaft deutlich machen, dass es Absprachen gibt, die sie mit ihrem Alltagsbegleiter getroffen hat. Zum Beispiel kann das eine präventive Ich-Botschaft sein (siehe Kapitel 5.7). Gelingt es Janna während des Essens nicht, sich daran zu halten, dann besteht für den Begleiter die Möglichkeit, dies dem Alltagsbegleiter zu berichten, der das daraufhin mit ihr besprechen kann.

Das Problem mit Jannas Essverhalten dauert länger als das Team vorhergesehen hatte. Es gelingt Janna nicht, allen Absprachen wirklich nachzukommen. Mit Hilfe von Alltags- und Prozessbegleiter entsteht im Laufe der Zeit ein System, das Janna überschauen kann. Für sie wäre es in Ordnung, wenn es einmal pro Woche nicht klappt. Dann geht es immerhin fünfmal pro Woche gut. Das ist ein schönes Resultat, wenn wir uns vergegenwärtigen, wie schwer abnehmen sein kann.

Was leisten Mitarbeiter für ihr Team?

Für die Zuständigkeit eines Begleiters gegenüber dem Klienten gibt es klare Grenzen. Wenn aber Absprachen zwischen einem Klienten und einem Alltags- und einem Prozessbegleiter einem Teammitglied Schwierigkeiten bereiten, ist der Platz, wo darüber diskutiert werden kann, im Team, und der Diskussionspartner ist nicht der Klient.

Mit diesem Problem wurde ich als Leiter einmal sehr deutlich konfrontiert, als ich Benny besuchte und ihn fragte, wie es ihm ginge. „Nicht gut“, sagte er. Benny hatte Probleme mit seinem Alltagsbegleiter wegen eines Ausflugs. Nach seiner Sicht hatte er zu wenig Geld für diese Fahrt extra bekommen. Als er mir den Betrag nannte, antwortete ich, dass das wirklich nicht viel wäre.

Ich wusste was geschehen würde. Ich war kaum aus der Tür, als Benny schon das Telefon abgenommen hatte, um dem Arbeitsbegleiter noch einmal seine Klage vorzutragen. Dieses Mal hatte er aber noch einen extra Treffer zur Hand: „Willem findet auch, dass es viel zu wenig ist.“
Es ist wohl klar, dass so die Arbeit des Alltagsbegleiters unmöglich gemacht wird. Wenn man nicht mit der Haltung des Alltagsbegleiters einverstanden ist, ist die Teamversammlung der richtige Ort, das zu besprechen.
Von Bennys Alltagsbegleiter bekam ich denn auch eine treffende Rückmeldung, was zur Folge hatte, dass ich ein

neuerliches Gespräch mit Benny suchte, um ihm zu sagen, dass mich diese Sache nichts angeht.

Bei diesen Beispielen handelt es sich um Vorfälle, bei denen Begleiter die Klienten selbstverantwortlich sein lassen könnten und das Problem eher in der Tatsache liegt, dass es für sie schwierig ist, loszulassen. Natürlich können sich auch Situationen ergeben, die für einen Klienten oder für seine Umgebung bedrohlich sind. Jeder Begleiter muss dann selbst die Verantwortung übernehmen und eingreifen. In Kapitel 2.9 wird dieses Thema vertieft.

2.9 Menschenwürde

Im vorigen Kapitel wurde die Situation eines Klienten beschrieben, der seiner Arbeit fern blieb, obwohl sein Begleiter Bedenken dagegen hatte. Ein wichtiger Ausgangspunkt dabei ist, die Verantwortung hierfür beim Klienten und bei dessen Entscheidungen zu lassen, während die Aufgabe des Begleiters darin besteht, den Klienten zu unterstützen.
Es gibt aber auch Situationen, in denen ein Verhalten dermaßen grenzüberschreitend ist, dass ein Begleiter doch eingreifen muss. Zum Beispiel wird dann eine Grenze erreicht, wenn die Sicherheit eines Klienten oder seiner Umgebung gefährdet wird.

Yvonne verbreitet den ganzen Abend Unruhe in der Gruppe. Sie mischt sich in alles ein und sucht immerzu Streit. Der Begleiter sagt ihr mehrere Male, dass ihm dieses Verhalten nicht gefällt. Aber das hilft wenig. Als der Begleiter echt wütend auf Yvonne wird, greift die sich einen Stuhl und wirft ihn durchs Zimmer.

In so einem Moment wird es nötig, dass der Begleiter eingreift. Er muss die Gruppe, sich selbst und den Klienten beschützen. Das heißt vor allem: Handeln. Auch dabei ist es wichtig, Ich-Botschaften zu verwenden (siehe auch Kapitel 5.7). Sobald der Klient sich beruhigt hat, soll der Mitarbeiter die weitere Klärung dem Alltags- und dem Prozessbegleiter wieder überlassen, etwa, indem er

mit einen Bericht darüber informiert. Die weitere Besprechung der Eskalation ist Sache dieser beiden.
Ein wichtiger Vorteil unserer Methodik des Einsatzes von Alltags- und Prozessbegleiter liegt darin, dass häufiger mit den Klienten über einen Konflikt gesprochen wird und dass es zwischendrin Bedenkzeiten gibt. Die Praxis hat gezeigt, dass Klienten auf diese Weise Zeit hatten, über die Dinge nachzudenken, etwas, das unmittelbar nach einer Konfrontation unmöglich ist. Ein weiterer Pluspunkt liegt darin, dass sich nicht jeder Dienst habende Mitarbeiter intensiv mit den Problemen eines Klienten befasst. Jeder Begleiter hat seine eigene Meinung in Bezug auf Eskalationen und würde folglich auf seine eigene Weise darauf eingehen.

2.10 Die Grenzen eines Teams

Das angenehmste Arbeitsmilieu haben wir in einem ausbalancierten Team, in dem alle Qualitäten vertreten sind, um Klienten zu begleiten, und in dem jedes Teammitglied sich sicher fühlt. Wenn diese Items zusammentreffen, besteht eine gute Chance, dass eine neue Vision in die Praxis eingeführt werden kann.

Rahmenbedingungen der Arbeit

Es ist sehr wichtig, einen Rahmen anzugeben, innerhalb dessen nicht nur die Klienten Raum bekommen, sich zu entwickeln, sondern auch damit die Mitarbeiter eines Teams wissen, welchen Freiraum sie ihren Klienten lassen sollen.
Um solche Rahmenbedingungen festzulegen, ist im Vorfeld ausreichend Diskussion nötig, damit jedes Teammitglied seine Grenzen benennen kann. Durch Aushandeln werden auf diese Art und Weise die gemeinschaftlichen Rahmenbedingungen festgelegt.

> Im Team wird eine Diskussion darüber geführt, wann – abhängig von den eigenen Werten und Normen – ein Klient,

der angibt, krank zu sein, vom Begleiter doch zur Arbeit geschickt werden soll. Die Meinungen darüber klaffen weit auseinander. Für einen Begleiter muss man wenigstens Fieber haben, um zuhause bleiben zu können, und zwar bei Bettruhe, während ein anderer es überhaupt nicht schlimm findet, wenn jemand einmal einen schlechten Tag hat. Für Klienten kann das sehr verwirrend sein. Im Hinblick auf das Zuhausebleiben sind sie dann nämlich abhängig von der Ansicht des gerade anwesenden Begleiters. Oft sagen Klienten: „Ich hoffe, das XY dann arbeitet, weil man dann viel mehr darf."

Doch sind Werte und Normen, an die Begleiter sich halten, auch wichtig. Um Spannungen zwischen dem, was ein Klient möchte und was Begleiter bieten können, vorzubeugen, ist es wichtig, Rahmenbedingungen und eine vom Team geteilte Vision abzusprechen, innerhalb derer jeder ein optimales Lebens- und Arbeitsklima schaffen kann. Sich damit zu beschäftigen, bedeutet, jedem mit Respekt zu begegnen.

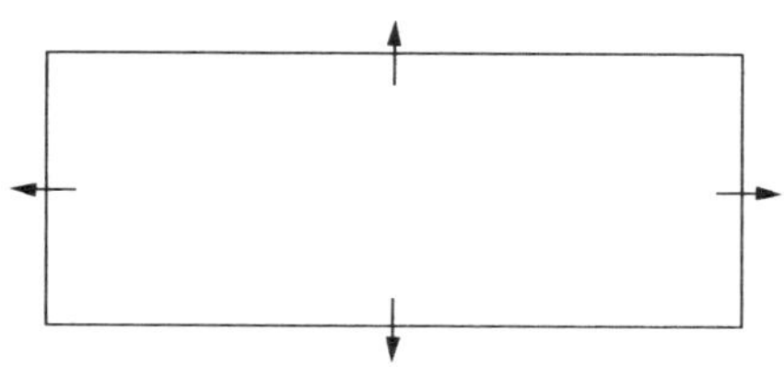

Die Linien dieses Kastens markieren ein Feld, innerhalb dessen Klienten selbst die Verantwortung übernehmen; darüber hinaus übernehmen Begleiter die Verantwortung. Indem wir innerhalb von Rahmenbedingungen arbeiten, haben wir einerseits den Raum und den Respekt für eigene Werte und Normen und andererseits wissen Begleiter, wann sie bei grenzüberschreitendem Verhalten eingreifen können. In der Praxis zeigt sich, dass wir oft Grenzen verschieben können, wenn Sie individuell abgestimmt werden.

2.11 Verantwortung im Team

Wieder ist der Ausgangspunkt die Selbstbestimmung des Klienten. Unterstützt wird dies durch die Arbeit des Alltags- und des Prozessbegleiters. Um den Begleitungsprozess gut im Blick zu behalten, geben Alltags- und der Prozessbegleiter Verantwortung an das Team ab. Zum Team gehören die Begleiter und die Leitung der Einrichtung, die aus größerer Distanz mit den Klienten zu tun hat. Eventuell gehören auch Pädagogen und ein Arzt dazu. Im Team wird die Entwicklung von Klienten und die weitere Entwicklungsplanung besprochen.
Während der Teamversammlungen vertritt der Prozessbegleiter den Klienten, um dessen Stimme so klar wie möglich zum Ausdruck zu bringen.

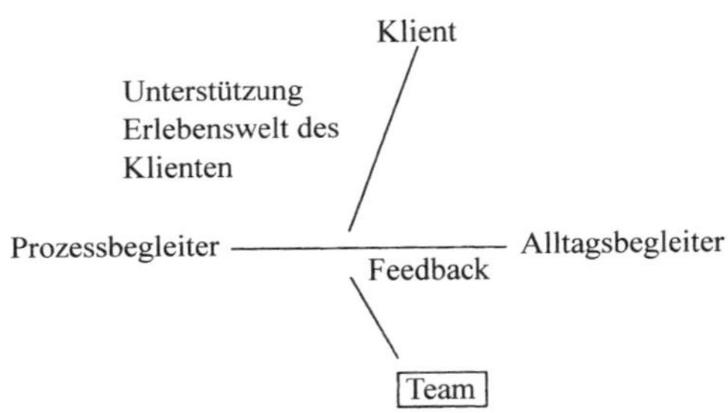

Nico wohnt mit drei weiteren Klienten in einer Wohnung. Eine Lungenkrankheit lässt Nico immer schwächer werden. Er braucht regelmäßig Sauerstoff. Bei dieser schwierigen Prozedur müssen zwei Begleiter anwesend sein. Der Alltagsbegleiter schlägt dem Team vor, Nico eine Weile in die Wohnstätte zurückzuverlegen, weil das das praktische Problem löst und auch mehr Überblick über den Krankheitsverlauf gewährleistet. Das Team stimmt zu. Der Prozessbegleiter befasst sich nicht inhaltlich mit dieser Diskussion, aber er sagt, dass Nico hiermit sicher nicht einverstanden wäre. Er zwingt das Team dazu, sich auch mit Nicos Argumenten zu befassen, bevor ein Beschluss gefasst wird.

Die Praxis hat gezeigt, dass Dank der Funktion des Prozessbegleiters in Teams anders über Klienten gesprochen wird. Anders in dem Sinne, dass Beschlüsse auf der Basis von mehr Gleichgewicht getroffen werden.
Der Alltagsbegleiter übergibt dem Team Verantwortung. Im Großen und Ganzen übernimmt das Team die Entscheidungen für den weiteren Verlauf. In der konkreten Ausführung übernimmt der Alltagsbegleiter seine Aufgabe der Begleitung des Klienten und hält sich dabei an die Entscheidungen, die im Team getroffen worden sind.

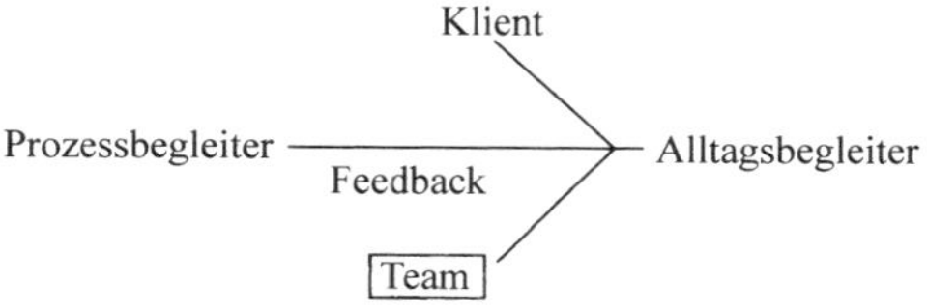

> Der Alltagsbegleiter hat eine neue Verabredung mit Claas über das Aufräumen seines Zimmers getroffen. Das hatte Claas vergessen und gedacht, dass er es noch am folgenden Abend nachholen könnte. An diesem Abend aber wird im Dorf ein Fest gefeiert. Da möchte Claas gerne hingehen, aber der Alltagsbegleiter verbietet es: Absprache ist Absprache! Der Betreuer, der diesen Abend Dienst hat, will aber keine Konfrontation mit Claas. Er lässt ihn gehen, und Claas hat einen geselligen Abend beim Straßenfest.

Diese Situation wird im Team besprochen. Teammitglieder geben dem Alltagsbegleiter Rückmeldung über ihre Erfahrung, dass Absprachen zwischen Alltagsbegleiter und Klient offenkundig schlecht laufen. Der Klient kümmert sich nicht um die Absprachen. Nun ist es Aufgabe des Alltagsbegleiters, neue Absprachen mit dem Klienten zu machen, um Eskalationen mit anderen Teammitgliedern zu verhindern.
Der Prozessbegleiter wird eingeschaltet, um zu prüfen, woher es kommt, dass der Klient seine Absprachen nicht einhält.

2.12 Feedback

Zur Überprüfung der Qualitäten von Mitarbeitern untereinander ist es wichtig, auf die richtige Art und Weise Feedback geben zu können. Allerdings ist Geben und Empfangen von Feedbacks eine der schwierigsten Aufgaben überhaupt. Sehr leicht können Missverständnisse und Streit entstehen. In Kapitel 5 befassen wir uns ausführlich mit dem Geben und Annehmen von Feedback durch Ich-Botschaften und durch genaues Zuhören auf die Rückmeldungen anderer.
In diesem Kapitel geht es um die Richtungen, die das Feedback nach unserer Methodik nimmt.

Da Alltags- und Prozessbegleiter eine gezielte Aufgabenbeschreibung haben, kann funktionell Feedback gegeben werden.

Prozessbegleiter ———— Alltagsbegleiter
Feedback

Der Prozessbegleiter soll Probleme Probleme des Klienten bleiben lassen. Er hat Verständnis für die Situation, in der der Klient sich befindet, und er versucht, Einsicht in dessen Erlebenswelt zu erhalten.
Das Ziel des Alltagsbegleiters ist es, den Klienten bei seinem Prozess der Ausbalancierung und Selbstbestimmung zu unterstützen und respektvoll und auf menschenwürdige Weise die Rahmenbedingungen für diesen Klienten achten.
Weil Prozessbegleiter und Alltagsbegleiter ständig Veränderungsprozesse ihrer Klienten begleiten, ist das Feedback ihrer Funktionen wichtig, da sie sonst Entwicklungen der Klienten leicht stagnieren lassen könnten.

Feedback für den Alltagsbegleiter

Eine häufige Rückmeldung an Alltagsbegleiter ist die, dass sie Klienten zu wenig Zeit lassen, selbst Lösungen für ein Problem zu finden. Ohne dass sie es beabsichtigen, stehen ihre eigenen Werte und Normen im Mittelpunkt. Das geschieht besonders bei Klienten, die sich abhängig verhalten. Der Prozessbegleiter merkt die Abhängigkeit des Klienten und muss dem Alltagsbegleiter entsprechend Feedback geben (damit der z. B. in Gesprächen auch Pausen macht). Andererseits richtet sich das Feedback auch darauf, dass Klienten deutliche Grenzen gesetzt werden müssen, um sie vor Überforderung zu schützen. Prozessbegleiter und Team prüfen so auf vielfältige Weise die Arbeit des Alltagsbegleiters.

Feedback für Prozessbegleiter

Die häufigsten Rückmeldungen für Prozessbegleiter haben mit der Tatsache zu tun, dass sie ihre Werte und Normen nicht zurückstellen können (die jedoch in der Arbeit mit Klienten nicht von Belang sind). Klienten treten ihren Alltagsbegleitern dann mit Ansichten gegenüber, die sie von ihrem Prozessbegleiter übernommen haben.
Enthusiasmus und Empathie für die Klienten sind sehr wichtig. Sollten sie jedoch dazu führen, dass Klienten sich verwirrt fühlen, müssen Prozessbegleiter mit größerer Neutralität handeln.
Dies einzuschätzen ist aber für Prozessbegleiter schwierig, da sie von Klienten in dieser Hinsicht kein Feedback bekommen. Es ist der Alltagsbegleiter, der dies besser im Blick hat.

Feedback des Prozessbegleiters und des Alltagsbegleiters für Teammitglieder

Für viele Teammitglieder ist es schwierig, die Entwicklungsprozesse von Klienten, die sie nicht direkt begleiten, den Alltags- und Prozessbegleitern zu überlassen. Das gilt besonders, wenn sie von ihren eigenen Ansichten so klar überzeugt sind, dass es ihnen schwer fällt, Klienten weiterzuverweisen. Weil durch unsere Methodik deutliche Rahmenbedingungen formuliert werden, wird es auch leichter, Teammitgliedern gezielte Rückmeldungen zu geben.

2.13 Voraussetzungen für gute Prozess- und Alltagsbegleitung

Während der praktischen Arbeit mit unserer Methodik kam es in den letzten Jahren in verschiedenen Einrichtungen regelmäßig zu Situationen, in denen Prozesse stagnierten. Ich habe eine Bestandsaufnahme solcher Situationen umformuliert zu Forderungen, wie die Methodik jeweils anzupassen ist. Die wichtigsten Voraussetzungen sind:

1. Die Zusammenarbeit zwischen Alltags- und Prozessbegleiter muss gut funktionieren. Vermeiden Sie, dass jeder persönlichen Prozessen mit dem Klienten folgt. Stellen Sie sicher, dass im Zusammenhang gearbeitet wird, dass beide wissen, womit sie befasst sind.
2. Die Prozessbegleiter sollen nicht versuchen, Probleme für einen Klienten zu lösen, sondern sich auf die Lösung konzentrieren, die der Klient selbst vorschlägt.
3. Der Prozessbegleiter soll seine eigenen Werte und Normen nicht zum Ausgangspunkt nehmen (und nicht diese als das Beste für den Klienten ansehen).
4. Es geht nicht, dass Prozessbegleiter und Alltagsbegleiter miteinander ein Problem lösen und gemeinsam den weiteren Verlauf besprechen. Dies bleibt das Problem, das zwischen Alltagsbegleiter und Klient gelöst werden muss.
5. Der Prozessbegleiter soll nicht emotional von den Problemen des Klienten betroffen sein und auch nicht dem Alltagsbegleiter Lösungen dafür vorschlagen.
6. Der Alltagsbegleiter vertritt gegenüber dem Klienten die Rahmenbedingungen und prüft regelmäßig, ob diese zur Überbehütung oder zur Überforderung führen.
7. Der Prozessbegleiter soll den Klienten nicht problematisieren, außer dieser spricht selbst von Problemen.
8. Prozess- und Alltagsbegleiter arbeiten regelmäßig anhand von Video-Aufnahmen, dadurch sind Team-Mitglieder nicht mehr allein abhängig von den verbalen Urteilen dieser beiden.

3 Neuentwicklungen der Methodik

In diesem Kapitel werden eine Reihe spezifischer Entwicklungen behandelt, die sich nach und nach in der Arbeit mit unserer Methodik ergeben haben.
In Absatz 3.1 liegt der Akzent auf dem Umgang mit Klienten, die nicht oder kaum in der Lage sind, sich verbal zu äußern. Die verbalen Fähigkeiten von Begleitern sind groß, aber um Klienten ohne solche Kommunikationsmöglichkeiten verstehen zu lernen, müssen wir uns auf die Suche nach anderen Kontaktmöglichkeiten machen. Der Einsatz von Videoaufnahmen ist ein wichtiges Mittel, um in mehrerlei Hinsicht die Qualität der Kommunikation zu verbessern (Kapitel 3.2).
Auch in Werkstätten für behinderte Menschen wird mit unserer Methodik gearbeitet. Natürlich ist es für Klienten auch in Bezug auf ihre Arbeit wichtig, ein nach ihren Fähigkeiten ausbalanciertes Niveau zu finden. In Kapitel 3.3 wird hierzu kurz eine Reihe von Gesichtspunkten beschrieben.
Schließlich widmen wir in Kapitel 3.4 der Stellung von Eltern in unserer Methodik viel Aufmerksamkeit. Wie bekommen Eltern ihren angemessenen Platz ab dem Zeitpunkt, zu dem ihr Kind in einer Einrichtung wohnt? Es geht nicht allein um Entwicklungsprozesse des erwachsen gewordenen Kindes, sondern auch um die Einbeziehung von Eltern oder Familie.

3.1 Alternative Kommunikationsformen

Die klassische Entwicklungsbegleitung

Menschen mit geistiger Behinderung nach unserer Methodik in ihren Entwicklungsprozessen zu begleiten, ist eine relativ neue Idee. Wir begannen hiermit, zunächst vorsichtig, bei einer Reihe von Patienten, bei denen es geeignet schien, Problemsituationen zu durchbrechen. Die Ergebnisse bei den betreffenden Klienten waren verblüffend. Durch die Prozessbegleitung entdeckten wir Neues über sie. Die Prozessbegleitung bot außerdem uns als Begleitern neue Perspektiven und konnte als Mittel dienen, hoffnungslos verschlechterte Beziehungen zwischen Klienten und Alltagsbegleitern wiederherzustellen. Die bei der Prozessbegleitung eingesetzte Technik bestand vornehmlich im Führen von Gesprächen. Wir waren ziemlich fokussiert darauf, mit Klienten zu sprechen, und unternahmen viele Versuche, die Gespräche auf das Niveau der Klienten abzustimmen. Aber das Sprechen allein erwies sich bei einer Reihe von Klienten als ungenügend. Häufig blieb dann die Prozessbegleitung oberflächlich, vielen Wiederholungen unterworfen und hinterließ das Gefühl, dass der Prozess der Beziehung zwischen Klient und Begleiter sich nicht weiterentwickelte.

Wurde dies in einer Prozessbegleitung festgestellt, beschlossen wir im Team, eine Videoaufnahme der Prozessbegleitung mit dem entsprechenden Klienten zu machen. Aus dieser Aufnahme wurde ersichtlich, dass der Klient nicht wirklich mit seinem Prozessbegleiter in Kontakt kam. Der Grund, warum Prozessbegleiter und Klienten nicht miteinander in Kontakt kommen konnten, lag in der Tatsache, dass sie einander nicht verstanden. Der Prozessbegleiter, sprachlich geschickt, sprach über den Klienten hinweg, und der Klient, der Sprache absolut nicht mächtig, versuchte die Ziele zu erfüllen, die der Prozessbegleiter ihm stellte. Die Bilder der Videoaufnahme zeigten, dass der Klient durch Körpersprache erkennen ließ, wie schwierig er es fand zu sprechen, und er gab Signale, dass er dem Prozessbegleiter nicht folgen konnte.

Integrale Prozessbegleitung

Das verbale Niveau der Begleiter ist meist viel höher und komplexer als das der Klienten, und das ist mitunter der Grund, warum Prozessbegleitung nicht gut läuft. Es war klar, dass wir folglich der Prozessbegleitung bei einer Anzahl von Klienten eine andere Form geben mussten. Wir sprechen dann von alternativen Kommunikationsformen. Mit alternativen Kommunikationsformen meinen wir, dass innerhalb der Prozessbegleitung verschiedene Formen von Kommunikation angewandt werden können, um miteinander zu „sprechen", z. B. Körpersprache und der Ausdruck durch darstellendes Spiel, Zeichnen und Malen, Töpfern, Vorlesen, Schreiben, Musizieren oder Zuhören, Spiele oder Verkleidungen.

Daraufhin entwickelte sich die Prozessbegleitung auf eine völlig andere, eigene Weise weiter.

Mareike kann sich verbal nicht äußern. Seit Jahren wohnt sie in einer Gruppe zusammen mit sieben weiteren Klienten. Sie unternimmt wenig mit ihren Mitbewohnern. Ab einem bestimmten Augenblick fing Mareike an, sich ungewöhnlich zu verhalten. Sowie sie eine Schere in die Hand bekommen konnte, fing sie an, die Ärmel ihres Pullovers zu zerschneiden. Wenn ein Begleiter ihr die Schere entreißen wollte, wurde sie aggressiv, schrie gellend und schlug um sich.

Es ist schwierig, mit Mareike darüber zu sprechen, weil sie nicht antworten kann und auf solche Konfrontationen ihrer Begleiter sehr negativ reagiert. Mareike bekam einen Prozessbegleiter. Der suchte gezielt nach einer alternativen Kommunikationsform. Das war zeitaufwändig, aber schließlich fanden sie heraus, dass sie mit Zeichnungen ziemlich gut mit ihrem Prozessbegleiter kommunizieren kann.

Von allein zeichnet Mareike eine Reihe Püppchen, die ihre Mitbewohner darstellen. Es fiel dem Prozessbegleiter nicht beim ersten Mal auf, aber bei näherer Untersuchung ergab sich, dass eines der Püppchen ohne Arme gezeichnet ist.

Mareike stößt einen Schrei aus, als sie auf diese Puppe zeigt. Nach aktivem Zuhören und mit Fragen, auf die Mareike mit Nicken antworten kann, ergibt sich, dass das Püppchen ohne Arme Ina ist. Nach Mareikes Ansicht darf Ina keine Arme haben. Später zeigt sich, dass Ina regelmäßig Mareike schlägt, wenn niemand sonst in der Gruppe anwesend ist. Mareike versucht, das den Menschen klarzumachen, indem sie mit der Schere ihre Ärmel kaputtschneidet. Folge ihres Verhaltens war, dass Begleiter sie mit dem Ergebnis der Zerstörung konfrontierten und ihr die Schere wegnahmen, während sie etwas ganz anderes versucht hatte zu erklären.

Augenscheinlich kamen wir über die Prozessbegleitung dahinter, dass vor allem die Fähigkeiten von Klienten mit geistiger Behinderung zu hoch eingeschätzt und sie deswegen überfordert wurden. Dann kann ihr Verhalten leicht verkehrt interpretiert werden.

Fritz wohnt in einer Wohnstätte. Jeden Tag folgt er dem Begleiter vom Morgen an auf Schritt und Tritt. Die meisten Begleiter empfinden das als sehr störend. Fritz verfügt über ein sehr eingeschränktes Sprachvermögen, und wenn über sein Verhalten gesprochen wird, antwortet er immer wieder: „Fritz, darf nicht." Die Irritation der Begleiter entsteht dadurch, dass er sein Versprechen schon eine Minute später nicht mehr einhält. Sie empfinden Fritz als Klotz am Bein, und er wird immer angespannter.

Immer wieder kommt das in den Augen der meisten Begleiter irritierende Verhalten in Teamversammlungen auf den Tisch. Es wird beschlossen, Fritz einen Prozessbegleiter zu geben, um nachzusehen, woher es kommt, dass er so reagiert.

Schnell erweist sich, dass Fritz die Zusammenkünfte mit dem Prozessbegleiter intensiv genießt. Allein weiß er nämlich nicht, was er tun soll. Der Prozessbegleiter stellt fest, dass Fritz bei diesen Zusammenkünften am liebsten Weihnachtslieder singt und Bilderbücher anschaut. Dann benennt er mit Worten das, was er sieht. Mit ganzen Sätzen kommt Fritz nicht zurecht. Visualisierungen helfen Fritz, und folglich stellen er und sein Prozessbegleiter einen Plan des Hauses her und bauen Püppchen, die die Bewohner und Begleiter darstellen, und stellen überall Mobiliar auf. Wenn jetzt in den Berichten Konflikte genannt werden, werden die Situationen im Modell nachgespielt. Auf diese Weise kann Fritz gut mit einzelnen Worten sagen, wo und wann etwas verkehrt läuft. Häufig werden auch so genannte Emotionskarten benutzt: Fotos, auf denen Personen mit verschiedenen emotionalen Ausdrücken zu sehen sind. Auf die Frage des Prozessbegleiters nach einem Konflikt: „Wie geht es Fritz?“, zeigt er auf das Foto einer wütend dreinschauenden Person. „Also ist Fritz wütend“, und Fritz nickt bestätigend. So gewinnt der Prozessbegleiter Schritt für Schritt mehr Einsicht in Fritz’ Erlebenswelt.

Angeregt durch die Informationen, die der Prozessbegleiter liefert, wird beschlossen, Fritz’ Entwicklungsniveau zu testen. Das Ergebnis zeigt, dass Fritz das Entwicklungsniveau eines Zweijährigen hat, ein kleines Kind im Körper eines Erwachsenen. Sowie Begleiter aus seinem Gesichtsfeld verschwinden, fühlt Fritz sich sehr unsicher und gerät in Panik.

Die Teammitglieder werden beauftragt, Fritz gezielt kleine Aufgaben zu stellen, die er übersieht, und möglichst viele Dinge Hand in Hand mit ihm zusammen zu erledigen. Seit Fritz besser verstanden wird und sich dadurch sicherer fühlt, hat sich sein Verhalten spürbar verändert.

Prozessbegleitung ist für Klienten mit einem niedrigen Entwicklungsniveau eine wichtige Begleitungsform, immer im Zusammenhang mit einem Alltagsbegleiter. In den zwei Beispielen hat sich deutlich gezeigt, dass ein Begleiter allein es nicht leisten kann, den Anschluss an die Erlebenswelt des Klienten zu finden. Der Alltagsbegleiter (und die direkte Umgebung) kann die Grenzen eines Klienten mit Hilfe der Handreichungen des Prozessbegleiters viel genauer bestimmen.

Regelmäßigkeit der Gespräche ist wichtig für das Vertrauen zwischen Klient und Prozessbegleiter. Um eine Vertrauensbeziehung aufzubauen, sind eine Anzahl von Fähigkeiten wichtig – damit der Klient sich sicher fühlt, und das hängt von der Haltung des Prozessbegleiters ihm gegenüber ab.

Grundhaltung

Die Grundhaltung ist von großem Einfluss auf den Entwicklungsprozess eines Klienten. Klienten mit niedrigem Entwicklungsniveau achten besonders auf die Haltung ihres Begleiters. Folgende Aspekte gehören zur Grundhaltung einer Prozessbegleitung:

- Eine warme, freundliche Beziehung zum Klienten schaffen.
- Den Klienten so akzeptieren, wie er ist.
- Eine Haltung annehmen, die dem Klienten Raum lässt, frei seine Gefühle zu äußern.
- Erkennen von Gefühlen und diese bestätigen, damit der Klient sein eigenes Verhalten erkennen lernt.
- Die Fähigkeiten des Klienten, seine Probleme selbst zu lösen, respektieren.
- Dem Klienten die Verantwortung für Entscheidungen und den Wunsch nach Veränderungen überlassen.
- Das Verhalten nicht in eine Richtung lenken wollen (nicht stellvertretend entscheiden).
- Nur solche Grenzen setzen, die nötig sind, um dem Klienten seine eigene Verantwortung bewusst zu machen (persönliche oder Sicherheitsgrenzen).
- Der Prozess kann nicht beschleunigt werden, der Klient gibt das Tempo an.
- Abhängig von der Aufgabe muss mehr oder weniger Leitung und Übersicht gegeben werden.
  Leitung, die nicht stellvertretend bestimmt, gelingt am besten, wenn wir für Übersicht sorgen: Sprechen Sie klare Anfangs- und Endzeiten ab, lassen Sie den Klienten über eine Aktivität entscheiden, bauen Sie Rituale ein.

Die Bedeutung des Spiels

Manche Klienten können besser mit Hilfe von Spielen „sprechen" (sich äußern). Spiel steckt oft voller Bedeutung. Es sagt etwas über die Erlebenswelt des Klienten. Immer wieder spielen, d. h., äußern zu können, was wichtig für dich ist, hat eine befreiende Wirkung und ist darüber hinaus eine bekannte Art, sich anderen anzuschließen: Etwas zusammen tun ist oft eine weniger bedrohlich wirkende Art der Kontaktaufnahme. Spaß im Kontakt mit anderen zu haben, hat große Bedeutung.

Der Gebrauch von Spielmaterialien ist ein wichtiger Aspekt beim Schaffen von Beziehungen. Wenn verschiedene Materialien in einem Raum zur Verfügung stehen, können Klienten selbst die Wahl treffen. Solches Material kann z. B. sein: Puppen, Musik, Bücher, Farbe, Zeichenmaterialien. Klienten können dann auf verschiedenerlei Weise zum Zuge kommen: Mit Erzählungen, Märchen, mit Zeichnen, Malen, Töpfern, Schminken, Musizieren usw.

Der Prozessraum

So entstand der Prozessraum, das ist ein Raum mit allerlei Spielmaterialien, so dass Klienten zu jedem beliebigen Zeitpunkt etwas nehmen können, das eine Verbindung zu ihrer Erlebenswelt hat. Viele Klienten haben überdies auch Spielmaterialien in ihrem eigenen Zimmer. Auch eine Videokamera steht im Prozessraum bereit, so dass mit einem einfachen Knopfdruck Aufnahmen gemacht werden können. Es gibt kein Telefon in diesem Raum, denn das stört die Aufmerksamkeit, wenn es plötzlich klingelt. Viele Klienten finden es auch gut, wenn die Tür ein Schloss hat und niemand hereinkommen kann.
Für viele Begleiter ist die gezielte Spielbegleitung eine neue Art des Umgangs mit Klienten. Begleiter sind vor allem verbal eingestellt und haben nicht die notwendigen Fertigkeiten erlernt, um durch Spiel ein Band des Vertrauens aufzubauen. In diesem

Zusammenhang kann ein Spieltherapeut gute Dienste leisten, weil er gezielt sagen kann, wann es sich um Spielbegleitung handelt oder um Spieltherapie. Ein Begleiter ist nämlich kein Therapeut.

3.2 Videoaufzeichnungen

Videoaufzeichnungen sind aus mehreren Gründen ein wichtiges Hilfsmittel, um die Qualität der Arbeit gezielt zu verbessern. Weil Videoaufzeichnungen immer die tatsächliche Wiedergabe einer Zusammenkunft sind, können damit die in der Regel individuell verlaufenen Gespräche analysiert werden. Mit Hilfe der Videoaufnahmen können Evaluationen viel effizienter durchgeführt werden. Das Team erhält nicht nur einseitige Informationen und ist nicht nur von dem abhängig, was Prozessbegleiter oder Alltagsbegleiter sagen. Auch wird das Geben und Empfangen von Rückmeldungen klarer: Man sieht sich selbst handeln, und das sehen auch die Teammitglieder.

Ein Begleiter sollte vom Team nicht mit Feedbacks überschüttet werden, deswegen muss sorgfältig damit umgegangen werden. Jeder zeigt sich hier verletzlich.

Bei Videobesprechungen sollten genau die Themen genannt werden, zu denen Feedback erwünscht ist, und es muss ganz deutlich sein, wo Grenzen liegen. Auf diese Weise können unkontrollierte, peinliche Reaktionen verhindert werden.

Ein Vorteil der Videoaufnahmen liegt darin, dass man sie in Ruhe ansehen kann. In der Alltagshektik wäre die Zeit dafür nicht gegeben.

Video kann auch als Mittel zur Beobachtung von Klienten eingesetzt werden. Zum Beispiel um zu klären, wie Klienten miteinander umgehen, wenn keine Begleitung anwesend ist.

> In einem Team gab es eine Diskussion darüber, ob jeden Tag während der Mahlzeiten Begleiter anwesend sein müssten. Durch eine Videoaufnahme einer Mahlzeit ohne Anwesenheit von Begleitern ergab sich, dass die Klienten sehr viel mehr Verantwortung übernehmen konnten als das Team

gedacht hatte. Die Diskussionen hätten ohne dieses Video im Team zweifellos länger gedauert.

Der Wert der Videoarbeit in Bezug auf Eltern wird genutzt, wenn Eltern regelmäßig Videoaufnahmen gezeigt bekommen. Sie bleiben dann in Bezug auf die Entwicklung ihres Kindes auf dem Laufenden. Für die Arbeit mit unserer Methodik ist es wertvoll, wenn Prozess- und Alltagsbegleiter Eltern zwei Mal jährlich besuchen und ihnen mit einem Videoband zeigen, was inhaltlich geschieht. Begleiter bezeugen damit Verantwortung, und ein jeder kann auf diese Weise Entwicklungslinien eines Klienten aufzeichnen.
In der Praxis der Teams wird noch wenig methodisch mit Video gearbeitet. Immer noch liegt ein Tabu darauf, und der Wert der Aufzeichnungen wird unterschätzt. Natürlich kann Video Begleiter mit ihren Schwächen konfrontieren, aber andererseits können, nach sorgfältiger Abgrenzung der Feedbacks, Videoaufnahmen die Arbeit erleichtern. Es ist glasklar, dass die Qualität der Arbeit verbessert wird.

Schließlich soll nicht unerwähnt bleiben, dass wir immer die Klienten um Zustimmung bitten, filmen zu dürfen. Bei Klienten, die selbst nicht in der Lage sind, diese Entscheidung zu treffen, ist vorab eine Beratung z. B. mit ihrer Familie nötig.

3.3 Die Einbeziehung von Tagesstätten und Werkstätten für behinderte Menschen

Wie schon gesagt, sprechen wir bei Tagesstätten und Werkstätten für behinderte Menschen nicht von einem Alltagsbegleiter, sondern von einem Arbeitsbegleiter.
Ein Klient kann in einer Tagesstätte mehrere Arbeitsbegleiter haben, weil er an mehreren Aktivitäten teil nimmt. Aber es gibt für jeden Klienten einen Prozessbegleiter, der nicht gleichzeitig Arbeitsbegleiter des selben Klienten sein kann. Regelmäßig hören wir die Frage: Ist ein Prozessbegleiter wirklich nötig, wo es doch um eine Situation des Arbeitslebens geht? Unsere Antwort lautet: Im

Prinzip macht es keinen Unterschied, wo ein Klient ist oder was er tut, es geht darum, ob er sein Gleichgewicht und seinen Platz gefunden hat, desto besser wird er seine Aufgaben bewältigen.

> Ich habe einmal an einer Untersuchung zur Zufriedenheit von Klienten einer Tagesstätte mitgearbeitet. Die Organisation hatte eine Anzahl von Fragen über tatsächliche oder wünschenswerte Arbeit zusammengestellt. Die Arbeitsbegleiter nahmen die Fragen mit ihren Klienten durch, und das Ergebnis lautete, dass 90 % zufrieden waren.
>
> Danach wurde derselbe Test noch einmal durchgenommen, dann aber durch Begleiter, die keinen direkten Bezug zu Klienten hatten. Das Ergebnis war verblüffend: 70 % waren nicht zufrieden. Dies illustriert, wie abhängig Klienten von ihren Arbeitsbegleitern sein können.

Tagesstätten und Werkstätten für behinderte Menschen stellen Forderungen an ihre Klienten, insbesondere in den Produktionsabteilungen. Initiativen kommen häufig von Begleitern, weil diese den Einkauf, die Produktion der Artikel und den Verkauf im Ganzen überschauen können. Bestimmungen der Begleiter können eine völlig andere Richtung einschlagen als es die Belange und Möglichkeiten der Klienten verlangen. Als Arbeitsbegleiter kann ein Mitarbeiter die Ziele, die er stellt, gezielt anstreben, wenn er weiß, ob er Klienten über- oder unterfordert. Hier liegt die essentielle Aufgabe des Prozessbegleiters.

In letzter Zeit gab es in Werkstätten für behinderte Menschen einschneidende Entwicklungen: Berufliche Bildung, Jobcoaching, Geschäfte wurden eröffnet und mit dem Verkauf von Eigenprodukten der Klienten betrieben, Werkstätten bieten Catering, es gibt landwirtschaftliche Projekte usw.
Um Missverständnissen vorzubeugen: Ich stimme diesen Initiativen mit Begeisterung zu. Aber sind sie immer auch die Wahl der Klienten? Während eines Trainings wurde ich mit der Nase auf die Tatsachen gestoßen:

Eine Werkstatt für Behinderte bat mich, ein Training durchzuführen, um das Team mit meiner Methodik vertraut zu machen. Das Training fand in der Werkstatt selbst statt, und die war in der Zeit für die Klienten geschlossen. Nur das Geschäft blieb geöffnet. Vier Klienten kümmerten sich dort um den Verkauf.
Während dieser drei Tage kam kein einziger Kunde, um etwas einzukaufen, mit der Folge, dass die Spannungen zwischen den Klienten immer größer wurden, weil sie nichts zu tun hatten. Auf meine Frage, wie es ihnen gefiel, eigene Produkte zu verkaufen, antwortete einer der Klienten ziemlich schnippisch: „Dass ich hier bin, haben die Begleiter entschieden."
Die Begleiter waren von der Geschäftsidee begeistert und hatten dadurch die Frage, wie die Klienten wirklich darüber dachten, vernachlässigt. Das hätte durch Prozessbegleitung vermieden werden können, denn dann wäre ihre Meinung in einem früheren Stadium zum Ausdruck gekommen.

Um Einblick zu erhalten, welche Möglichkeiten Klienten in Bezug auf die eigenen Inhalte ihrer Berufstätigkeit haben, ist Gruppenprozessbegleitung ein wichtiges Mittel. Dabei lernen Klienten, miteinander und mit ihren Arbeitsbegleitern gemeinsam zu überlegen und zu arbeiten und optimal vorhandene Qualitäten einzusetzen.

3.4 Die Rolle der Eltern und Familienmitglieder

Ein Klient kommt nicht allein: er bringt seine Familie mit. In vielen Einrichtungen herrscht Unklarheit über die Rolle und das Maß der Einbeziehung von Eltern. Immer noch werden Eltern häufig von der Einrichtung als lästig erlebt. Eltern geben andererseits an, dass sie sich gegenüber der Einrichtung in einer abhängigen Position empfinden.
Es ist für Eltern ein einschneidender Schnitt, wenn sie ihr Kind in eine Einrichtung gehen lassen. Damit geben sie zu großen Teilen ihre Verantwortung und die Sorge aus der Hand. In dem Moment,

in dem das Kind sein Elternhaus verlässt, entsteht eine neue Situation.

> Wilhelm hat bis zu seinem 25. Lebensjahr zuhause gewohnt. Er hat eine enorme Sammelleidenschaft von höchst unterschiedlichen Artikeln wie Gummibändern, Bierdeckeln, Verpackungen von Zigarettenpapier usw. Jeden Tag bringt er irgendetwas mit nach Hause. Seine Eltern halten ein Auge darauf, weil sie Sorge haben, dass Wilhelm sonst im Chaos versinkt. Ab und zu inspizieren sie Wilhelms Zimmer und sortieren seine Sammlung, ohne mit ihm vorher darüber gesprochen zu haben. Wilhelm meckert dann zwar, aber darüber hinaus ergeben sich für seine Eltern keine nennenswerten Probleme. Wilhelm sammelt weiter, und seine Eltern sortieren das regelmäßig.
> Wilhelm bekommt in der Wohnstätte ein eigenes Zimmer mit seinem eigenen Schlüssel (was niemand außer ihm sonst hat). Seine Sammelwut hält an, und das Zimmer wird schnell unübersichtlich. Als seine Eltern eines Abends in sein Zimmer kommen, sind sie entsetzt über das Tohuwabohu. Mutter fängt sofort an, sauber zu machen. Wilhelm guckt so lange gelassen zu, bis sie seine Gummibänder wegwerfen will. „Die gehören mir und die will ich aufheben." Seine Eltern erschrecken. Das kennen sie von ihm nicht. Wilhelm findet aber, dass das sein Zimmer ist und sie nichts angeht.
> Die logische Folge davon ist, dass Wilhelms Eltern den Begleiter zur Verstärkung ihrer Sicht auf die Dinge einschalten. So etwas kommt in der Praxis regelmäßig vor: Sowohl Eltern als auch Klienten bitten den Begleiter um Stellungnahme. Der aber begibt sich auf Glatteis, wenn er erkennen lässt, wie er darüber denkt. Sieht er die Dinge so, wie Wilhelms Eltern, dann tritt er indirekt auch in Streit mit Wilhelm. Ist er sich mit Wilhelm einig, wird er das Unverständnis der Eltern erzeugen.

Wir gehen in unserer Methodik davon aus, dass dieses Beispiel einen Prozess zwischen Wilhelm und seinen Eltern markiert. In diesem Prozess müssen wir uns nicht mit den Inhalten des Konflikts befassen, können aber günstigenfalls beide Parteien unterstützen. Darin liegt vor allem eine Aufgabe für den Prozessbegleiter.

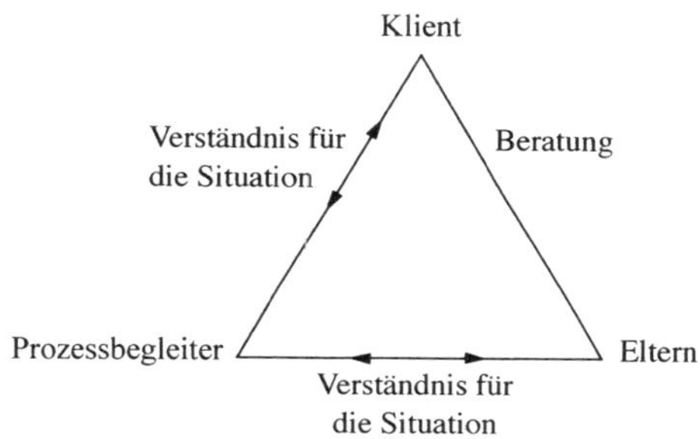

Diese Abbildung zeigt, dass der Prozessbegleiter, sofern es nötig ist, die Beziehung zwischen den Eltern und dem Klienten unterstützt.

> Seit Wilhelm in die Wohnstätte gezogen ist, hat sich die Beziehung zu seinen Eltern verändert, und er grenzt sich deutlicher von ihnen ab. Das ist allein Sache von Wilhelm und seinen Eltern. Sie müssen einen neuen Weg für ihre Beziehung finden. Um Eskalationen zu vermeiden, unterstützt der Prozessbegleiter sie bei Gesprächen darüber, ohne selbst seine Meinung zu sagen. Es zeigt sich in der Praxis, dass der Prozessbegleiter bei beiden Parteien schneller Vertrauen erweckt, wenn er nicht Partei ergreift, wodurch der Prozess des gegenseitigen Verständnisses beschleunigt wird.

Viele Spannungen zwischen Eltern und ihren Kindern entstehen dadurch, dass sie einander verbal nicht verstehen. Sie sprechen nicht die gleiche Sprache. Unterschiedliches Verständnis kann leicht Spannungen verursachen.

> In Panik rufen Bobs Eltern seinen Alltagsbegleiter an. Es war während ihrer gemeinsamen Ferien mit ihm zur

Eskalation gekommen. Er war schon ein paar Tage nicht ansprechbar gewesen, hatte auch auf nichts geantwortet, und als sie ihn baten, beim Abwasch mitzuhelfen, warf Bob die Töpfe durch die Küche. Da war für seine Eltern der Spaß vorbei, und sie wollten, dass der Alltagsbegleiter eingreift. Vorläufig braucht Bob sich auch nicht mehr bei ihnen sehen zu lassen.

Im Team wurde beschlossen, dass der Prozessbegleiter nicht nur ein-, sondern zweimal pro Woche Gespräche mit Bob führen soll, damit der gezielt Aufmerksamkeit erhält. Die Mitglieder hatten nämlich gesehen, dass Bob angespannt herumlief, aber nicht sagte, was ihn beschäftigte.

Weil noch kein Gespräch nach den Ferien stattgefunden hatte, war es selbstverständlich, dass der Prozessbegleiter Bob beim ersten Treffen fragte, wie ihm die Ferien gefallen hatten. Bob erzählte verschiedene nette Dinge, die sie unternommen hatten, sagt aber nichts über die Konflikte, die sich abgespielt hatten. Auf die Frage, ob es allen Beteiligten so gefallen hatte, antwortete Bob bestätigend.

Der Prozessbegleiter könnte Bob nun mit der Tatsache konfrontieren, dass die Ferien nicht schön waren, er wusste schließlich davon. Aber es war seine Aufgabe, nachzusehen, woher es kam, dass Bob nichts über die negativen Dinge erzählte. So ging der Prozessbegleiter fürs Erste nicht näher auf die Ferien ein und beschloss, sich mit dem Alltagsbegleiter zu beraten. Der nämlich konnte Bob mit seinem Verhalten konfrontieren, denn er war ja von den Eltern informiert worden.

Der Alltagsbegleiter würde mit Bob während seines regulären Gesprächstermins ein paar Tage später sprechen. Für den selben Abend würde der Prozessbegleiter auch ein Gespräch ansetzen.

Die Konfrontation mit dem Alltagsbegleiter wirkte auf Bob wie ein Schlag ins Gesicht. Wie hatten das seine Eltern sagen können! Seine Konsequenzen waren schnell klar. Er würde nie mehr nach Hause gehen und auch nicht mehr auf seine Neffen aufpassen. Der Alltagsbegleiter riet Bob,

solche Sachen nicht allzu schnell zu beschließen und schickte ihn weiter zum Prozessbegleiter.
Es folgten mehrere Gespräche mit dem Prozessbegleiter, ehe dieser die Probleme, die Bob immer mit seinen Eltern hatte, erkennen konnte. Für Bob galt nämlich als goldene Regel, die Familie nach außen hin niemals im Stich zu lassen. Er konnte sich noch gut genug daran erinnern, dass Streitereien zuhause augenblicklich stoppten, wenn jemand zu Besuch kam. Das hatte Bob genau gelernt, und darum verstand er überhaupt nicht, dass seine Eltern einfach über sein schwieriges Verhalten mit dem Alltagsbegleiter gesprochen hatten. Es dauerte einige Zeit, bis Bob sagen konnte, woher es kam, dass er so oft still war und dass die Ferien schließlich eine Enttäuschung waren. „Sie lachen mich immer aus, wenn ich etwas sage." Besonders seit Bob in der Wohnstätte wohnt, merkt er, dass seine Familie ihm nicht zuhört und ihn nicht ernst nimmt.
Bob hatte in der Wohnstätte schnell eine feste Beziehung gefunden und wollte sich verloben. Bob folgte dem Vorbild seiner Schwester und kündigte seinen Eltern offiziell die Verlobung an. Auf die Frage des Vaters, ob er dann auch heiraten will, sagte Bob, dass er erst für eine Stereoanlage sparen möchte. Der Vater konnte dieser Kombination nicht folgen und brach in Lachen aus. Bob fühlte sich nicht ernst genommen und versuchte, sich durch Schweigen zu behaupten. Die Eltern haben Schwierigkeiten, diese Haltung von Bob zu verstehen, und sprechen ihn auf sein negatives Verhalten an, bis er schließlich hoch geht. Es ist eine wichtige Aufgabe des Prozessbegleiters, das Band zwischen Bob und seinen Eltern wieder zu knüpfen. Bob hat daran großes Interesse, da er seine Familie sehr liebt. Weil nach der Eskalation ein Gespräch zwischen den Eltern und Bob zu schwierig ist, entscheidet sich der Prozessbegleiter dafür, eine Videoaufnahme einzusetzen. Während dieser Aufnahme spricht Bob in seinen eigenen Worten über das Problem, so wie er es erlebt, über sein Stillschweigen zuhause, darüber, dass sein Schwager doch ernst genommen wird,

und über die Tatsache, dass eine Stereoanlage bei einer Hochzeit sehr wichtig ist. Und außerdem hören er und seine Freundin jeden Abend Musik im Radio.
Bobs Eltern sehen sich zusammen mit dem Prozessbegleiter das Videoband an. Die Reaktion des Vaters ist typisch: „Ja, wenn er es so sagt, hat er Recht." Die Mutter sagt, dass sie sehr oft um Bobs Zukunft in Sorge ist. Daher fällt es ihr schwer, ihn loszulassen, was wieder und wieder zu Streit mit ihm führt. Mit Unterstützung durch den Prozessbegleiter und den Alltagsbegleiter schlagen Bob und seine Eltern einen neuen Weg ein. Die Eltern versuchen, Bobs Erlebenswelt stärker zu berücksichtigen, indem sie ihm besser zuhören und ihn ernster nehmen. Die Mutter lernt, ihre Besorgnis durch Ich-Botschaften auszudrücken, um damit zu verhindern, dass Bob jedes Mal deswegen Streit anfängt. Auf diese Weise lernt auch Bob, andere Meinungen zu respektieren.

Immer wenn Spannungen entstehen, setzen sie sich zusammen, um wieder die gemeinsame Wellenlänge zu finden.

Soweit dieses Beispiel zur Rolle des Prozessbegleiters in der Vermittlung zwischen Eltern und Kind.
Auch der Alltagsbegleiter hat Funktionen in der Beziehung zu den Eltern. Die folgende Grafik illustriert das:

Der Alltagsbegleiter berät sich regelmäßig mit den Eltern über die Entwicklung seiner Beziehung zum Klienten. Die Eltern haben

viele alltägliche Verantwortlichkeiten, die ein Klient häufig nicht überschauen kann, an den Alltagsbegleiter delegiert, der sie in dieser Hinsicht auf dem Laufenden hält.
Durch die regelmäßigen Beratungen zwischen Eltern und Alltagsbegleiter werden Missverständnisse und folglich auch Spannungen verhindert.
Es ist für Eltern wegen ihrer begründeten Besorgnis schwer, Verantwortlichkeiten, die sie selbst jahrelang getragen haben, an den Alltagsbegleiter zu delegieren. Das gilt insbesondere auch, wenn der Klient immer mehr Mitsprache über sein eigenes Leben haben will. Diese Veränderungen vollziehen sich nicht von einem Tag auf den anderen, sie liegen aber den wechselnden Prozessen zugrunde.
Bei allen Interaktionen hat der Prozessbegleiter – der auch unabhängig sein kann – einen wichtigen Platz inne.
Viele Begleiter sollten Eltern mehr in die Prozesse der Entwicklung ihres Kindes einbeziehen. Professionalität bedeutet, dass Hilfeanbieter auch Verantwortung für die Qualität ihrer Arbeit tragen.
Nach unserer Erfahrung ist es eine gute Sache, wenn sowohl Alltags- als auch Prozessbegleiter die Eltern regelmäßig mit einer Videoaufnahme eines Gesprächs besuchen, um ihnen zu zeigen, was sie gerade tun, unabhängig davon, ob es Probleme gibt. Auf diese Weise erleben Eltern Einbeziehung und Vertrauen. Beides brauchen sie, um ein neues Gleichgewicht in der Beziehung zu ihrem Kind zu entwickeln.

4 Implementation der Methodik in eine Einrichtung

In diesem Kapitel gehen wir auf die Folgen für eine Organisation ein, in der Klienten im Mittelpunkt stehen. Wenn Selbstbestimmung des Klienten hochgehalten wird, muss seine Stimme auf allen Ebenen gehört werden. Dennoch haben Klienten keine funktionalen Befugnisse innerhalb der Organisation. Wir sprechen immer noch von einer Begleitungs- oder Behandlungssituation.

Klienten müssen aber in die Veränderungsprozesse einer Organisation einbezogen werden, schließlich sind sie die Kunden und auch abhängig von der Qualitätsentwicklung. Andererseits können Menschen nur dann eine wesentliche Rolle in den Entscheidungsprozessen spielen, wenn sie alle Konsequenzen davon überschauen. Das ist von Klienten nicht immer zu erwarten (siehe auch Kapitel 1.2).

Wie aber nimmt eine Vision, in der Klienten wirklich im Mittelpunkt stehen, in der Praxis Gestalt an? Dabei müssen auch Themen bedacht werden wie: Wo liegen die Grenzen zwischen Selbstbestimmung und Überforderung des Klienten, Ausübung von Macht, Verantwortung des Klienten, Gesamtverantwortung der Einrichtung, finanzielle Möglichkeiten und Unmöglichkeiten, Stabilität, Auswirkungen auf die Gesellschaft?

Wenn mit unserer Methodik gearbeitet wird, treten Bedürfnisse und Möglichkeiten der Klienten klar in den Vordergrund. Auch Verantwortlichkeiten (in den Funktionen der Alltags- und Prozessbegleitung) erhalten ihren Platz im Team zugewiesen. Wie muss das aber in hierarchisch gegliederten Organisationen gesehen werden, bei denen Klienten nicht mitzubestimmen haben?

Ich habe ein Arbeitsmodell entwickelt, das so genannte Raupenmodell, um die hierarchische und die Kommunikationsstruktur in eine Organisation zu integrieren. In Kapitel 4.1 wird dieses Modell ausführlich behandelt.
Weiter geht es im Folgenden um die individuellen Qualitäten von Begleitern (Kapitel 4.2), um Qualitäten im Team (Kapitel 4.3), den Wert des Coaching (Kapitel 4.4) und um die Einführung eines Heimbeirats (Kapitel 4.5).
Zum Schluss folgt in Kapitel 4.6 ein Plädoyer, Klienten mittels eines Klientenrats partizipieren zu lassen.

4.1 Das Raupenmodell

Das Raupenmodell steht für eine Arbeitsweise, mit der eine Umkehrung der Organisationsstrukturen (Bottom-up-Modell) gestaltet werden kann. Der Klient kann in diesem Raupenmodell als der Schmetterling betrachtet werden. Die Raupe sorgt dafür, dass der Schmetterling sich entpuppen und ausfliegen kann. Wenn eine Raupe sich bewegt, beginnt sie immer mit dem Hinterteil. Dann verfolgt sie wellenförmig ihren Weg. Ihre Art der Bewegung zeigt größere Zusammenhänge, und sie ist ihr ganzes Leben damit beschäftigt, sich fortzubewegen.
Vergleichbar ist das mit Bewegungen in einer hierarchischen Organisation. Wenn eine Vision klar ist und auf allen Ebenen der Organisation akzeptiert, beginnt die Implementation und damit der Start des Veränderungsprozesses immer bei den Mitarbeitern.
Bei ihnen muss der Klient spüren, ob ihm wirklich zugehört wird und ob er wesentlichen Einfluss auf Veränderungen hat. Der Prozess der Veränderungen fängt dort an, wo der Begleiter seine Arbeit ausübt, der am meisten mit dem Klienten zu tun hat: der Alltagsbegleiter. Diese Beziehung wird vom Prozessbegleiter geprüft, das garantiert die Gleichwertigkeit des Klienten.
Um das zu realisieren, ist es hilfreich, von einem engen Zusammenwirken oder einer Wechselwirkung auszugehen, und zwar in der Kommunikationsstruktur und in der Organisationshierarchie:

1. In der Kommunikationsstruktur steht die Auffassung des Klienten im Zentrum und ist Ausgangspunkt des Handelns. Es ist die wichtige Aufgabe insbesondere der Alltags- bzw. Arbeitsbegleiter, der Prozessbegleiter und der Teammitglieder, der Stimme des Klienten klar und erkennbar Gehör zu verschaffen. Jeder in der Organisation muss sich dessen bewusst sein, dass wirklich die Stimme des Klienten der Ausgangspunkt des Handelns ist. Das heißt in der Praxis, dass Prozess- und Alltagsbegleiter, die dem Klienten am nächsten stehen, großen Einfluss auf dessen Geschick haben, also auch auf seine Ansichten und Wünsche.
   Dass die Stimme des Prozessbegleiters auf allen Ebenen der Einrichtung Gewicht hat (sowohl inhaltlich als auch organisationspolitisch), versteht sich von selbst; da er selbst nicht Partei ergreift, kann er die Ansichten des Klienten vertreten, ohne selbst in Konflikt zu kommen.
   Auf diese Weise ist es nicht mehr möglich, Beschlüsse zu fassen, ohne dass der Klient direkt einbezogen ist. Auf der anderen Seite erhält der Klient viel mehr Freiraum und Möglichkeiten, selbst wesentlichen Einfluss auszuüben und eigene Entscheidungen zu treffen.

2. Demgegenüber hat die Organisationshierarchie eine lineare Struktur. Die Gesamtverantwortung trägt der Sozialstaat, die besondere Verantwortlichkeit wird zur Einrichtungsleitung delegiert. Die wiederum delegiert weiter an das Management und schließlich landet die Verantwortung bei Begleitern, die die Vision implementieren müssen. Eine lineare Organisationshierarchie kann also ohne gute Kommunikationslinien nicht verantwortlich funktionieren.

Wenn wir die zwei Strukturen nebeneinander setzen, erhalten wir das folgende Bild:

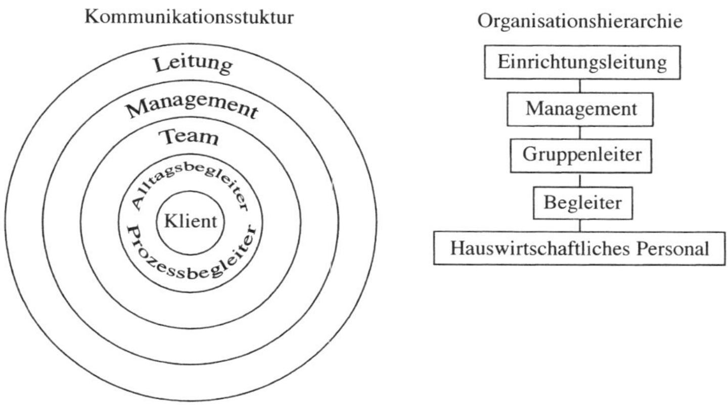

Beide Strukturen sind gleich wichtig und voneinander abhängig, wenn es darum geht, Visionen erfolgreich zu implementieren. Manager müssen wissen, was die Ausführenden brauchen, um Voraussetzungen für ihre Arbeit zu schaffen, und die Ausführenden sind immer davon abhängig, was die politische Ebene für machbar oder für unmöglich erklärt.
Werden Kommunikationsstruktur und Organisationshierarchie integriert, entsteht ein Zusammenhang zwischen beiden. Die Kommunikationsstruktur steht für die Ausführung der Aufgaben und die Organisationshierarchie schafft die Voraussetzungen.
Im Raupenmodell gehen wir von drei Ebenen aus, die wir berücksichtigen müssen und die alle gleich wichtig sind. Sie können nämlich nicht ohne einander wirksam werden. Weil sie voneinander abhängig sind, kann ihr Funktionieren und folglich die Qualität besser geprüft werden. Es geht um die folgenden drei Ebenen: Ebene 1: Begleiter und Team, Ebene 2: mittleres und gehobenes Management, Ebene 3: Einrichtungsleitung. Schematisch sieht das folgendermaßen aus:

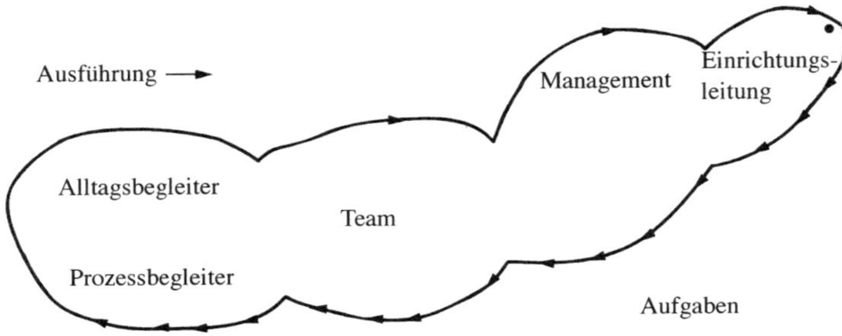

Wenn wir davon ausgehen, dass der Klient im Mittelpunkt unserer Bemühungen steht, ist es auch nach dem Raupenmodell selbstverständlich, dass er den Ausgangspunkt bildet. Ein Alltags- und ein Prozessbegleiter unterstützen den Klienten, um herauszufinden, was seine Wünsche und Bedürfnisse sind.

Unter anderem werden während der Team- und Bewohnerversammlungen die Wünsche und Bedürfnisse des Klienten oder der Klientengruppe bekannt gegeben. Wenn nötig, wird eine Zusammenfassung davon dem Management vorgelegt, und dort wird geprüft, ob auf Leitungsebene weiter daran gearbeitet werden muss. Management und Einrichtungsleitung sorgen für die Voraussetzungen, die gegeben sein müssen, um die Ausführung zu ermöglichen.

Es gehört zur Aufgabe aller (d. h., der Einrichtungsleitung, des Managements, des Teams, des Alltags- und des Prozessbegleiters) die Voraussetzungen zu schaffen, die wir brauchen, um den Wünschen und Bedürfnissen der Klienten gerecht werden zu können. Das heißt, Entscheidungen müssen verantwortet werden.

Die Rolle der Fachleute

Die Rolle der Fachleute (Sonderpädagoge, Psychologe, Sozialarbeiter oder Mediziner) innerhalb einer Einrichtung ist von wesentlicher Bedeutung, wenn wir uns mit der Prozessbegleitung für die Organisation befassen. Aufgabe dieser Fachleute ist es, Prozesse sowohl im Hinblick auf die Ausführung als auch auf die

Voraussetzungen zu begleiten, dabei sollen sie als eigentliches Ziel das Wohlbefinden des Klienten im Auge behalten. Nach dem Raupenmodell sind die Fachleute Dreh- und Angelpunkt der Arbeit und dadurch eine Art Katalysator. Sie stehen außerhalb der Organisationshierarchie und sind auch nicht direkt von der Alltagsarbeit betroffen. Dennoch besetzen die Fachkundigen innerhalb der Organisation wichtige Plätze, weil sie auf allen Ebenen einbezogen sind. Sie müssen mit allen Funktionen der Organisation Verbindungen herstellen können und üben Signalfunktion aus. Im Schema sieht das folgendermaßen aus:

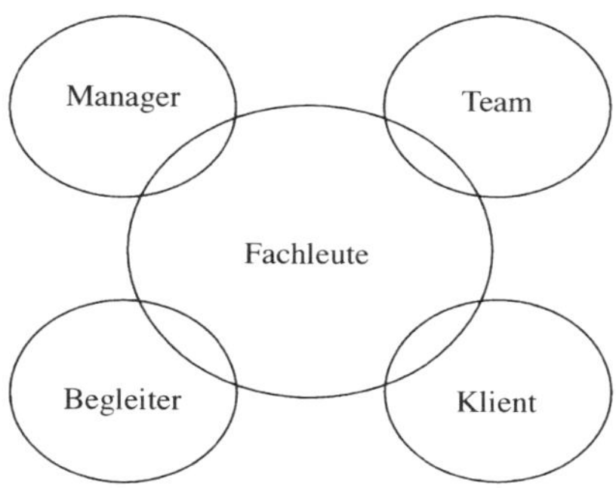

Eine Fachkraft hat die folgenden Funktionen:

1. In Beziehung zum Klienten
   Wie verhält es sich mit der Selbstbestimmung und der Erlebenswelt des Klienten? Wird der Klient überbehütet oder überfordert? Fachleute liefern zur Beurteilung dieser Fragen einen wichtigen inhaltlichen Beitrag.

2. In Beziehung zu den Begleitern
   Prüfung der individuellen Qualität des Begleiters in Bezug auf seine Arbeit mit dem Klienten.

3. In Beziehung zum Team
   Hilfe bei der Realisierung von Ausgewogenheit der Qualitäten im Team.

4. In Beziehung zum Management
   Hilfe bei der Entwicklung ausreichender Voraussetzungen, damit die ausführenden Mitarbeiter die Vision größtmöglicher Selbstbestimmung verwirklichen können.

Durch Einbeziehung und Einsichtnahme der Fachkundigen in viele Interaktionsprozesse sind sie imstande, bei der Selbstbetrachtung der Teams eine wesentliche Rolle zu spielen.
Die Qualität der Arbeit ist maßgeblich für die Ausführung wie für die Voraussetzungen jeder Tätigkeit. In der Praxis heißt das, dass auf Qualität – und deren Entwicklung – der Begleiter, des Teams, der Coaches usw. geachtet werden muss.

Bei der Arbeit mit unserer Methodik können Sie sich gezielt spezifischen Qualitäten widmen, und damit zu einem besseren Verlauf der Kommunikation kommen.

4.2 Welcher Begleiter hat welche Qualitäten?

In Kapitel 5 über die Grundhaltung wird deutlich, dass ein Begleiter eigentlich ein Tausendsassa sein muss. Wenn Sie Mentor eines Klienten sind, müssen Sie ein breites Spektrum von Qualitäten mitbringen, da Sie im Großen und Ganzen für die Entwicklung dieses Klienten allein verantwortlich sind. Je mehr Sie aber allein die Verantwortung tragen, desto häufiger laufen Sie Gefahr, Ihre Begleitung aus Ihrem eigenen normativen Denken zu bestimmen; in der Tat werden Sie dominierend und können den Entwicklungsprozess des Klienten nicht mehr optimal berücksichtigen.
Zwei extreme Qualitäten von Begleitern finden wir einerseits beim aktiven Zuhörer und andererseits bei dem, der alles bestimmt. Es gibt Begleiter, die eher gut zuhören können als selbst zu reagieren und die vor allem Interesse daran haben, wie eine Situation entstanden ist. Andere funktionieren am besten, wenn sie strukturiert arbeiten können. In beiden Fällen hat es mehr mit Eigenschaften der Person selbst zu tun als mit einem Klienten.

Janet und Hanne sind Begleiterinnen. Janet ist eine ruhige Person mit viel Interesse für die Entwicklungshintergründe ihrer Klienten. Sie kann Klienten gut zuhören und in Gesprächen auch Pausen lassen, so dass der andere genügend Raum hat, seine Geschichte zu erzählen. Hanne ist demgegenüber eine perfekte Organisatorin. Sie regelt vieles für die Klienten und verliert dabei niemals den Überblick. Sie schafft für sich und für die anderen Klarheit. Die Klienten wissen, was sie an Hanne haben und können jederzeit auf sie zurückgreifen.
Es handelt sich also um zwei Begleiterinnen, von denen jede auf ihrem Gebiet große Qualitäten hat.
Die Qualität von Hanne wirkt sich aber zum Nachteil aus, als sie Anneliese begleitet, die sich verbal nur schwer äußern kann. Anneliese hat zwar eine klare eigene Meinung, aber sie braucht viel Zeit, diese zu erläutern. Bei der Begleitung wird Anneliese immer wieder auf die Tatsache gestoßen, dass Hanne schlecht zuhören kann und viel zu schnell Lösungen anbietet. Hanne denkt, dass sie gute Arbeit leistet, aber Anneliese wird immer abhängiger von ihr.
Janet ist die Begleiterin von Erwin, einem Klienten, der regelmäßig im selbstgeschaffenen Chaos versinkt. Er kann sich schlecht an Absprachen halten, und es ist viel Klarheit nötig, damit er den Überblick behält. Janet spricht mit Erwin, ohne ihm Richtlinien zu geben, weil sie es wichtiger findet, dass er lernt, selbst Entscheidungen zu treffen. Erwin fand darin keinen Halt und seine Welt blieb unübersichtlich.

Die beiden Beispiele zeigen, dass Qualitäten von Begleitern besser eingesetzt werden können; und zwar in Abhängigkeit von den Begleitungsbedürfnissen des Klienten.
Übertragen auf unsere Methodik heißt das, dass die Qualitäten der einen Begleiterin vor allem auf dem Gebiet der Alltagsbegleitung liegen, während die andere viel eher eine Prozessbegleiterin ist. Bei der Arbeit mit unserer Methodik wird der Blick von Begleitern auf ihre Qualitäten geschärft, und sie können innerhalb der Organisation besser eingesetzt werden.

Betrachten wir einmal, wie eine Reihe von Funktionen von Janet oder Hanne ausgefüllt werden. Ehe unsere Methodik eingesetzt wurde, waren sowohl Janet als auch Hanne Mentorinnen von vier Klienten.
Zum Zeitpunkt der Einführung von Prozessbegleitung und Alltagsbegleitung waren beide sozusagen in diesen beiden Funktionen für vier Klienten zuständig. Als das Team anfing, genauer auf die individuellen Qualitäten von Janet und Hanne zu schauen, kamen sie zu einer anderen Aufgabenverteilung. Hanne ist nun Prozessbegleiterin für zwei Klienten und Alltagsbegleiterin für vierzehn Personen, Janet übt für zwölf Klienten die Prozessbegleitung aus und übernahm für einen Klienten die Alltagsbegleitung. Dass beide Frauen auch Klienten auf Gebieten begleiten, auf denen nicht ihre Stärken liegen, hat mit der Tatsache zu tun, dass beide weiter lernen wollen (allerdings stellen ihre Klienten hierbei keine großen Anforderungen an sie).

Die eben genannten Beispiele können vielleicht als Extreme angesehen werden, dennoch sind sie Beispiele aus der Praxis. Wir können auch von einem besonderen Wert sprechen, wenn es Begleitern gelingt, einen klaren Blick auf ihre eigenen Qualitäten und Lernaufgaben zu haben.

4.3 Qualitäten im Team

In Kapitel 4.2 ging es um persönliche Qualitäten eines Teammitglieds und die darin liegende Dimension verbesserter Leistungsmöglichkeiten. Diese Herangehensweise kann auch auf ein Team angewandt werden.
Es stellt sich die Frage, inwieweit in Organisationen auf die Ausgewogenheit von Qualitäten innerhalb der Teams geachtet wurde. In Stellenanzeigen ist davon im Allgemeinen wenig zu merken. Da stehen oft allgemeine Profilskizzen, die keine Klarheit darüber geben, was ein Team wirklich benötigt, um seine Qualität zu verbessern.

Ein Klient, der sich selbst weiterentwickeln möchte, braucht einen Begleiter, der gut zuhören kann, aber auch einen Begleiter, der Grenzen setzen kann. Ein gut zusammengestelltes Team verfügt über beiden Qualitäten.
Wenn wir die Zusammenstellung von Teams in Werkstätten für behinderte Menschen betrachten, sehen wir, dass dort mehr Macher arbeiten als Menschen, die Prozesse fördern. Der Grund dafür liegt in der Tatsache, dass Arbeit oder Leistung erwartet wird und dass Stellenbesetzungen auch davon ausgehen.
Oft ist auch bei Teams in Wohnstätten in Bezug auf den Übergang von fürsorglichem zu unterstützendem Arbeiten eine Art Erbe erkennbar. Viele Begleiter finden es schwierig, Klienten Entscheidungen zu überlassen, denn es ist noch nicht lange her, dass in ihrer Arbeit davon ausgegangen wurde, dass sie zu bestimmen haben.
Nicht gut ausgewogene Teams haben mit folgenden Nachteilen zu rechnen:

- Es wird viel gesprochen, ohne Entscheidungen zu treffen.
- Es wird bestimmend gearbeitet, ohne die Selbstbestimmung des Klienten zu berücksichtigen.
- Begleiter, die wegen ihrer Qualität in der Minderheit sind, geraten in eine isolierte Position, was häufig Spannungen erzeugt mit allen denkbaren Folgen. Wenn z. B. ein Team aus acht Machern und zwei prozessfördernden Begleitern besteht, dann fühlen Letztere sich leichter in einer einsamen Position. Es kann sein, dass weniger auf sie gehört wird.
- Teambesprechungen können stundenlang dauern.
- Ausfälle wegen Krankheit und Burn-out nehmen zu, weil die Begleiter ihre Qualitäten nicht optimal einsetzen können.

Theoretische Visionen werden nicht in die Praxis implementiert, wenn Begleiter zu stark mit sich selbst (und ihrer Sicherheit) beschäftigt sind statt mit Kollegen oder mit Klienten (die bedrohlich wirken).
Ein ausgewogenes Team arbeitet viel effizienter, und das hat Auswirkungen auf die gesamte Organisation. Bei der Einführung der Vision, die Klienten in den Mittelpunkt stellt, müssen Teams begleitet und trainiert werden, um mit den benötigten Qualitäten

ein neues Gleichgewicht zu finden. Klienten, Team und Organisation sollen davon profitieren.
Wie bei jedem Lernprozess muss man sich möglicherweise erst die früher qualifizierende Berufshaltung abgewöhnen, ehe eine neue Vision implementiert werden kann.

4.4 Coaching

Um die Qualität der verschiedenen Disziplinen in einer Organisation zu prüfen, ist es wichtig, ein individuelles Coachingprojekt zu entwickeln. Soll Qualität das Ergebnis sein und garantiert bleiben, dann ist Coaching auf allen Ebenen notwendig.
Was bedeutet coachen? Das Coaching zielt darauf ab, Talente und Fähigkeiten jedes Einzelnen auf allen Ebenen der Organisation optimal einzusetzen. Für jeden einzelnen Mitarbeiter müssen individuelle Ziele formuliert werden. Diese Ziele sollen zukunftgerichtet sein, klar formuliert, sie sollen realisierbar sein und eine Herausforderung für den Mitarbeiter. Und das Endziel soll konkret sein und auf Entwicklung ausgerichtet.
In der Arbeit mit unserer Methodik verschieben sich immer mehr Entscheidungsbefugnisse innerhalb der Organisation hin zur Basis. Coachen verändert die Beziehung zwischen dem Management und den Mitarbeitern. Es entsteht ein besseres Gleichgewicht zwischen dem Bemühen um Qualität und dem Bemühen um die Menschen. Mitarbeiter werden ernst genommen in Bezug auf ihre Lernziele und ihre berufliche Entwicklung.

Folglich ist Coaching ein essentielles Instrument, mit dem die Organisation eine Struktur, eine Kultur und eine Anzahl von Fähigkeiten entwickelt und schneller auf Veränderungen reagieren kann. Wie sieht das in der Praxis aus? Klienten werden durch Alltags- und Prozessbegleiter gecoacht, um ihre Ziele zu erreichen. Dabei müssen wir Überforderung vermeiden und Selbstbestimmung stimulieren. Das setzt sich fort zum Prozessbegleiter und zum Altagsbegleiter, die beide durch das Team gecoacht werden. Die Mitarbeiter im Team werden durch die Einrichtungsleitung

gecoacht, und so setzt dieser Prozess sich bis zur höchsten Ebene fort.
Der Lernprozess durch Coaching darf nicht unterschätzt werden. Jeder Mitarbeiter hat ein Recht darauf, sorgfältig in einem Veränderungsprozess an seinen Aufgaben arbeiten zu können. Für jeden Mitarbeiter müssen individuelle Lernziele schriftlich festgelegt werden. Dazu gehören auch die notwendigen kommunikativen Fähigkeiten, die jeder Mitarbeiter anwenden können muss. Diese Fähigkeiten werden in Kapitel 5 beschrieben.

4.5 Heimbeirat

Ein wichtiger Schritt, um Klienten in Angelegenheiten, die sie angehen, einzubeziehen, besteht darin, die Protokolle der Teambesprechungen gleichzeitig im Heimbeirat zu behandeln, wenigstens, wenn es um sachliche Fragen geht. Der Heimbeirat trifft sich alle zwei Wochen. Die Anwesenheit ist freiwillig, aber wer nicht kommt, hat auch kein Stimmrecht. Es sind keine Teammitglieder bei diesen Treffen anwesend, die inhaltlich mitsprechen. Allerdings verfügen die Bewohner über einen Schriftführer. Dieser hat keinen Einfluss auf die Inhalte, sondern gibt so objektiv wie möglich wieder, was während des Treffens der Klienten besprochen wird. Der Schriftführer nimmt einen wichtigen Platz ein, er ist in der Lage, Prozesse gut wiederzugeben. Es ist wichtig, dass Bewohner im Heimbeirat unterstützt werden, damit es für sie angenehm und verständlich ist.
Auch Prozessbegleiter können Bewohner während der Heimbeiratssitzungen unterstützen. Sie haben die wichtige Aufgabe, die Auffassung ihres Klienten klarzumachen. Das ist nötig, weil Bewohner Teams in verbaler Hinsicht immer unterlegen sind. Begleiter können schneller denken, leichter sprechen, verfügen über einen besseren Wortschatz und über viel mehr Macht, und das hat zur Folge, dass Bewohner sich schneller in manche Situationen fügen. Auch innerhalb von Wohngruppen sind die verbalen Niveaus sehr häufig ganz unterschiedlich, und auch hier können Machtfaktoren eine Rolle spielen und Bewohner einander nicht ernst nehmen.

Meike wohnt seit einer Reihe von Jahren in einer Wohnstätte. Sie lässt sich selten auf etwas ein, da sie sich verbal nur schwer äußern kann. Mitbewohner nehmen sie nicht ernst. Während der Prozessbegleitung zeigt sich, dass Meike sehr wohl eine eigene Meinung hat. Es soll eine neue Sitzgruppe gekauft werden, darum wird während einer Heimbeiratsitzung beschlossen, welche Bewohner mitgehen, um etwas auszusuchen. Meike meldet sich nicht, sagt aber bei ihrem wöchentlichen Gespräch mit ihrem Prozessbegleiter, dass sie es eigentlich schön fände, mitzugehen. Es gelingt ihr aber nicht, dies während der Versammlung zu sagen. Es gibt eine Anzahl Mitbewohner, die verbal viel stärker sind, weswegen Meike ihren Mund hält. Der Prozessbegleiter betrachtet dies als eine Lernaufgabe für Meike. Er betrachtet ihr Problem nicht als sein Problem, aber er möchte sie unterstützen. Meike und ihr Prozessbegleiter beschließen, dass er zur nächsten Heimbeiratsitzung mitkommt. Meike wird dann selbst einbringen, dass sie noch mit möchte, um die Möbel zu kaufen. Falls sie nicht ernst genommen wird oder falls die anderen es schwierig finden, ihr zuzuhören, dann würde er dafür sorgen, dass Meike die nötige Redezeit bekommt.

Tipps, wie Sie unterstützen, dass Klienten selbst bestimmen können:

- Beginnen Sie mit kleinen Schritten.
- Nehmen Sie den Klienten ernst.
- Geben Sie dem Klienten Möglichkeiten, etwas zu verhandeln.
- Überfordern Sie den Klienten nicht.
- Halten Sie sich mit Lösungen zurück.
- Lernen Sie, ihre eigene Machtsituation immer besser zu durchschauen.

Ein Heimbeirat, der ernst genommen wird, ist zu vielem in der Lage. Am besten kann ich dies mit einem ausführlichen Praxisbeispiel illustrieren, wobei es um ein Jubiläum geht, dass Klienten individuell, aber auch im Gruppenverband organisierten.

In der Teamversammlung wird über das kommende Jubiläum der Wohnstätte gesprochen. Man ist sich schnell darüber einig, dass es nicht nötig ist, das zu feiern. Wenn man irgendwo zehn Jahre wohnt, ist das doch kein Anlass für ein großes Fest. Im Rahmen von Normalisierung ist das Feiern eines zehnjährigen Jubiläums eben nicht normal, beschließt man. Das Protokoll dieser Teamversammlung wurde beim nächsten Treffen der Bewohner vorgelesen. Die stimmen überhaupt nicht mit dem Personal überein. Sie finden, dass zehn Jahre ein Meilenstein sind, und dass dazu ein Fest gehört. Bewohner und Mitarbeiter beraten miteinander über das Jubiläum. Sie beschließen, dass es ein Fest geben wird, wie die Bewohner es wünschen, aber dass diese das selbst organisieren. Ein Budget von 3.000 Euro steht zur Verfügung. Die Bewohner können Hilfe und Unterstützung durch ihre Begleiter bekommen. Die Bewohner wünschen lediglich einen Schriftführer, natürlich für die Protokolle, aber auch, um Briefe zu schreiben. Sieben Personen wollen die Organisation des Fests übernehmen, sie bilden ein Festkomitee.
Das Team übergibt den Bewohnern die vollständige Verantwortung für das Fest. Das Festkomitee kann über einen hohen Betrag verfügen. Es fällt den Begleitern schwer, den Betrag von 3.000 Euro komplett den Bewohnern anzuvertrauen. Sie fragen sich andauernd, ob wohl alles gut organisiert wird.
Die betreffenden Bewohner wohnen seit Jahren in der Wohnstätte oder in selbstständigeren Wohnformen, die von dort begleitet werden. Seit sie dort eingezogen sind, wurden sie soweit wie möglich nach dem Prinzip begleitet, dass sie Eigenverantwortung tragen oder tragen können. Die Leiter des Festkomitees haben alle Prozesse von Versuch und Irrtum durchgemacht und dadurch gelernt, Verantwortung zu übernehmen.

Monate der Vorbereitung gehen dem großen Fest voraus. Die Bewohner machen alle möglichen Vorschläge. Unter

anderem: Ein Ausflug, ein kaltes Buffet mit Bowle und ein Festabend. Das verfügbare Geld zwingt sie, eine Auswahl zu treffen. Die meisten Bewohner finden es schön, einen festlichen Abend zu haben, weil man dann auch die Familien einladen kann. Es gibt viele Ideen für das Programm des Festabends. André, ein echter Fan, findet, dass Laurenz Albert auftreten soll. Erhard will lieber Tatjana Simic holen. Die Übrigen möchten eine Band mit flotter Musik zum Mitsingen (das Team hätte eingreifen können, als sie von all diesen Auftritten hörten, es war doch nicht genug Geld da, um das bezahlen zu können.)
Die Komiteemitglieder gehen selbst zum Eigentümer des Festsaals, in dem sie das Fest feiern wollen. Der macht ihnen klar, dass sie Tatjana Simic und Laurenz Albert mit dem Geld, das sie haben, nicht bezahlen können, dass es aber möglich wäre, ein bezahlbares flottes Orchester zum Mitsingen zu finden. Das Komitee fragt Freunde, Familie und Personal, ob sie eine Band kennen, und finden schließlich ein Orchester, das ihre Wünsche erfüllt.
Das Team findet es wichtig, dass die Mitglieder des Festkomitees selbst herausfinden, wo die Grenzen für ihre Wünsche liegen. Angenommen, die Begleiter hätten gesagt, dass es aus Kostengründen nicht möglich wäre, Tatjana Simic und Laurenz Albert einzuladen, dann hätte leicht ein Streit zwischen Bewohnern und Begleitern entstehen können. Es ist wichtig, dass Bewohner immer selbst ihre eigenen Grenzen erleben. Da sie die Chance hatten, selbst herauszufinden, wie teuer die beiden Künstler waren, bleibt das Verhältnis zwischen Begleitern und Bewohnern sauber, wird nicht durch Streit getrübt. Ein Bewohner könnte vielleicht glauben: „Mein Begleiter findet es nicht gut, dass Laurenz Albert kommt." Natürlich können Begleiter sehr wohl helfen, z. B. indem sie Fragen auflisten, indem sie zum Vermieter des Festsaals mitgehen usw.
Innerhalb des Festkomitees entsteht ein Konflikt zwischen André und Jenny über die Bewirtung. André mag Schnaps und findet, dass Gäste bei einem Festabend umsonst trinken

können sollten. Jenny, die sparsam ist, und sich auch Sorgen um Andrés starkes Trinken macht, findet, dass niemand mehr als drei Getränkebons kriegen soll.
Im Komitee wird lebhaft über diesen Punkt verhandelt. Schließlich wird der Vorschlag für freie Getränke am meisten unterstützt. Aber wieder sind die Finanzen bestimmend, das Budget ist zu klein, um alle Eingeladenen freizuhalten. Die Lösung liegt auf der Hand: Weniger Menschen einladen. Also darf jeder Eingeladene nur einen Gast mitbringen. Bewohner, die nicht mit im Festkomitee sitzen, protestieren, sie möchten beide Eltern mitnehmen. So wird für Bewohner, die noch beide Eltern haben, eine Ausnahme gemacht. Alle Aspekte des Festes erfordern viel Zeit und Einsatz der Komiteemitglieder.
Es gab viele Treffen, es wurden Schwierigkeiten gelöst. Sie bekamen es hin, ein schönes, geselliges Fest zu organisieren. Ein Fest, das wirklich ihr Fest wurde. Durch Geschenke, die es zum Fest gab, behielten sie sogar eine Summe über.

Mit der Übertragung der Verantwortung für die Organisation eines Jubiläums bekommen Klienten Gestaltungs- und Entwicklungsmöglichkeiten. Die Mitglieder des Festkomitees haben ein gutes Stück Selbstwertgefühl aufbauen können, und ihr Selbstvertrauen hat zugenommen. Für das Team war dieses Projekt eine Frage des Loslassens und des Akzeptierens, dass etwas anders organisiert wird, als sie es getan hätten. Eine Reihe von Menschen wurden nicht eingeladen, z. B. höhere Funktionäre anderer Einrichtungen. Es wurden Fragen gestellt: Ob es wirklich in Ordnung wäre in Bezug auf das Geld und ob es zu verantworten ist, das in die Hände von Menschen mit einer geistigen Behinderung zu legen. Das Team musste sich verteidigen und die Entscheidungen der Bewohner respektieren.

Der Moderator kündigt an, dass das Fest zu Ende geht. Er bedankt sich beim Personal des Festsaals und bei der Band, die den ganzen Abend mit großem Enthusiasmus gespielt hat. Es war ein fantastisches Fest mit wunderbarer Atmosphäre. Jeder hat es genossen, vor allem die Bewohner, die das Fest organisiert haben. An diesem Abend sind sie die wichtigsten Menschen. Mit einer Danksagung schließt Arnold das Fest: „Ich danke Francis, Hanna, Jenny, André, Matthias und Gerhard für die Organisation des Fests. Ich danke der Band und unserer Leitung für ihre Hilfe. Und ich danke mir selbst, ich habe viel Arbeit damit gehabt.“

Als dies stattfand, war ich Leiter der betreffenden Wohnstätte. Ich musste plötzlich an das fünfjährige Bestehen der Einrichtung zurückdenken, als das Team alle Fäden in Händen hielt. In den drei Monaten der Vorbereitung verwandten wir enorm viel Zeit auf das Gelingen des Festes. Die Teammitglieder erhielten die Glückwünsche vieler Gäste, und die Klienten saßen dabei. Nun war es anders herum. Jeder Klient trug eine Ansteckblume, und die Mitglieder des Teams saßen wie gewöhnliche Gäste im Saal.
Besonders aber freuen mich die Möglichkeiten dieser Gruppe von Klienten, die untereinander ganz gleichberechtigt ein Fest organisieren konnten (das im Übrigen schöner war als das fünfjährige Jubiläum).

4.6 Klientenräte

In jeder Einrichtung muss es Klientenräte geben. Leider gibt es viele Klientenräte, in denen einzig und allein Familienmitglieder sitzen. Dort kann nur über die Klienten geredet werden, und die Wahrscheinlichkeit ist groß, dass es zu uferlosen Diskussionen zwischen Familien und Einrichtungen kommt. Wenn die Klienten selbst nicht in den Klientenräten vertreten sind, drängt sich die Frage auf, wie ernst mit den Vorstellungen der Klienten umgegangen wird und wie viel Einfluss sie auf die Beschlüsse der Einrichtung haben.
Wenn wir nicht wissen, wie wir Klienten in die Entscheidungen unserer Einrichtungen einbeziehen, ist die Wahrscheinlichkeit groß, dass das Mitspracherecht in formellen Zusammenkünften zwischen der Einrichtungsleitung und einigen gesetzlichen Vertretern der Klienten versandet. Die Klienten selbst können nicht mehr tun, als passiv auf den Ausgang der Diskussionen zwischen Begleitern und

Familien zu warten. Es fehlt der Raum für die Klienten, die Köpfe zusammenzustecken und gemeinsam darüber nachzudenken, was sie am liebsten möchten. Es wird für sie gedacht, und das führt niemals zur Unabhängigkeit der Klienten. Wir meinen es gut, aber alles, was wir beschließen und bestimmen, beruht auf unseren Werten und Normen und nicht auf denen der Klienten.

Selbstbestimmung und Emanzipation müssen von einer Person selbst ausgehen; wir als Begleiter oder Familie müssen dafür die notwendigen Voraussetzungen schaffen. Dann bekommen wir zu hören, was ein Klient wirklich will, was er selbst kann und wann er unsere Hilfe braucht.

Wie wäre es mit Wahlen, für die Kandidaten sich aufstellen lassen können und sowohl von Klienten als auch von Familienmitgliedern gewählt werden? Es scheint der Mühe wert.

5 Grundhaltung der Helfer

Entscheidend für die Unabhängigkeit und die Entwicklung eines Klienten ist die Art und Weise, wie mit ihm kommuniziert wird. Mit anderen Worten: Wie verläuft der alltägliche Umgang zwischen Begleitern und Klienten? Damit tritt zugleich die Frage nach der Qualität der Begleiter hervor. Wir haben die Zeiten, in denen es einzig und allein ums Versorgen ging, hinter uns gelassen.
Welche Fähigkeiten müssen Sie als Begleiter mitbringen? Sie müssen beraten können, offen sein für verbale und nonverbale Kommunikation, konfrontieren, zusammenarbeiten, bestimmen, Feedback geben und empfangen, und sie müssen Klienten Freiraum für ihre Entwicklung geben können.
Im Alltag werden Sie immer wieder vor unerwarteten Situationen stehen, in denen Sie verantwortlich reagieren müssen (also auch Entscheidungen vorweg nehmen). Jeder Begleiter hat dabei seine starken und schwachen Seiten. Manchem Begleiter fällt es leichter, hinzuhören, was ein Klient mit schwachen verbalen Fähigkeiten genau meint, ein anderer kann besser Strukturen schaffen.
Es sind vor allem diese Unterschiede, die effektive Kommunikation erschweren oder stören können.
Durch den Einsatz eines Alltagsbegleiters und eines Prozessbegleiters ist das Kommunizieren im Team und mit Klienten entschieden effektiver, weil es klar abgesteckte Zeiträume für die Kommunikation gibt und darüber hinaus die individuellen Qualitäten der Begleiter gezielter eingesetzt werden. Auch Rückmeldungen über die Arbeit haben dabei eine klare Funktion.
Wenn wir die Qualität unserer Hilfen auf ein höheres Niveau heben wollen, müssen wir mehr in die kommunikativen Fähigkeiten der Klienten, der Begleiter und der Organisation investieren.

In diesem Kapitel widmen wir uns ausführlich dem Thema Kommunikation und den entsprechenden Fähigkeiten, die jeder Mitarbeiter der Behindertenhilfe wie selbstverständlich einsetzen können sollte. Viele dieser Fähigkeiten basieren auf einer Methodik, die der amerikanische Psychologe Thomas Gordon entwickelt hat. Der Einsatz solcher Fähigkeiten fördert die Kommunikation zwischen Klienten und Begleitern, und viele Konflikte können damit verhindert werden.
Auch anderen Betroffenen, z. B. Eltern, kann diese spezielle Form des Umgehens miteinander zu mehr Verständnis füreinander verhelfen, wobei Klienten durch die andere Kommunikationsform besser ihr inneres Gleichgewicht finden können.

5.1 Kommunikation

Kommunikation ist ein häufig gebrauchtes, quasi auf der Hand liegendes Wort, weil wir in unzähligen Situationen immer wieder wie selbstverständlich miteinander kommunizieren. In dem Moment, in dem wir einander nicht verstehen, erweist sich Kommunikation aber als sehr komplex und für Machtmissbrauch geeignet.
Tatsächlich ist jedes zwischenmenschliche Verhalten Kommunikation, und alles, was wir tun, denken und fühlen, hat mit Kommunikation zu tun. Wir können nicht ohne sie sein. Schon durch bloße Anwesenheit tauschen Menschen Informationen aus.
Kommunikation entsteht nicht nur beim Sprechen. Sie umfasst alle Interaktionen, die zum Informationsaustausch führen, wie Sprechen, Gebärden, Blickwechsel, Intonation der Stimme. Kommunikation ist jedwede Form von Verhalten, mit dem Informationen weitergegeben werden.
Wenigstens zwei Parteien sind in einen Kommunikationsprozess einbezogen. Eine Person teilt einer anderen etwas mit. Die eine Person nennen wir hier Sender, die andere Empfänger. Was der Sender mitteilt, nennen wir die Botschaft.

In einem Schema sieht das folgendermaßen aus:

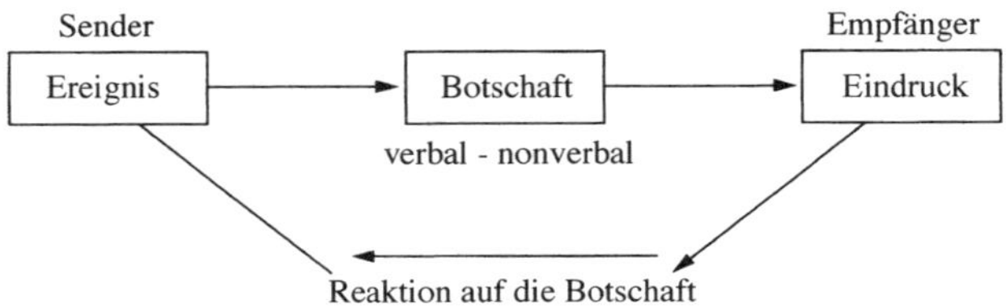

Kommunikation ist also ein zyklischer Prozess. Damit der Sender wirklich etwas aussenden kann, muss der Empfänger das empfangen, d. h., aktiv zuhören. Empfangen bedeutet, alle Signale eines anderen aufzunehmen, ohne zwischendurch eigene Interpretationen abzugeben. Dann würde nämlich keine Kommunikation stattfinden, und der zyklische Prozess wäre unterbrochen.

Anna arbeitet in einer Werkstätte für behinderte Menschen und hat ein Problem. Sie möchte mit einem Begleiter sprechen. In der Gruppe muss nach der Arbeit sauber gemacht werden, aber ein Kollege will trotz fester Absprachen nicht mithelfen. Der Begleiter ist auf dem Sprung, nach Hause zu gehen, und hat eigentlich keine Zeit. Als Anna noch mitten in ihrem Bericht ist, unterbricht er sie: „Sag ihm ruhig, dass ich gesagt habe, dass er natürlich mithelfen muss; sonst kümmere ich mich morgen darum."
Dies ist typisch für eine nicht effektive Kommunikation. Der Begleiter ist mit völlig anderen Sachen beschäftigt und nicht auf den Empfang von Botschaften eingerichtet. Er will nach Hause. Es wäre besser, das so zu sagen und seinerseits als Sender zu fungieren.

In der Kommunikation sind zwei Elemente von besonderer Bedeutung:

1. Kommunikation ist ein fortlaufender Prozess
   Kommunikation ist kein Akt von einmaliger Informationsübertragung. Es geht ständig und andauernd von einem zum

anderen mit Agieren und Reagieren. Das kann bei Gesprächen zwischen Begleitern und Klienten leicht zu Verwirrungen führen. Manche Klienten brauchen viel Zeit, um etwas in Worte fassen zu können. Andere fallen vielleicht jemandem, der noch nicht zu Ende gesprochen hat, ins Wort.

Mit beiden Problemen hat auch Hubert zu kämpfen. Er unterbricht jeden und verursacht damit beim anderen häufig Irritationen. In Folge davon hören die anderen ihm auch nicht mehr zu, wenn er etwas zu melden hat. Es hat wenig Sinn, ihn mit diesem Verhalten zu konfrontieren, weil er diese Form der Rückmeldung nicht versteht. Schließlich aber kommt er zusammen mit seinem Prozessbegleiter zu einer Lösung. Solange er spricht, hält Hubert nun eine Karte hoch. Wenn er fertig ist, gibt er die Karte dem Zuhörer, der dann zu sprechen an der Reihe ist. Dann fällt Hubert ihm auch nicht ins Wort. Das ist eigentlich eine simple Lösung, aber für Hubert sehr effektiv.

2. Verbale und nonverbale Komponenten der Kommunikation
   Verbale Komponenten sind gesprochene oder geschriebene Wörter mit festgelegter Bedeutung.
   Nonverbal drücken wir etwas ohne Wörter aus. Zum Beispiel durch Mimik, Gebärden, Körperhaltung, Stimmklang und Augenkontakt.
   Begleiter haben immer wieder mit Klienten zu tun, die sich auf Grund ihrer geistigen oder einer körperlichen Behinderung nur schwer oder gar nicht verbal äußern können. Nonverbale Fähigkeiten, um Klienten zu verstehen, sind also besonders wichtig, zumal die meisten Begleiter in erster Linie auf verbale Äußerungen eingestellt sind.
   Auch verbale Kommunikation wird immer von nonverbaler Kommunikation begleitet. Mit der Einführung der Prozessbegleitung und der Alltagsbegleitung haben wir eine Möglichkeit, Kommunikation mit Klienten optimal zu führen. Der Prozessbegleiter verfolgt die Aufgabe, sich bei Klienten mit eingeschränkten verbalen Fähigkeiten auf die nonverbale Kom-

munikation zu konzentrieren und seine Information an den Alltagsbegleiter weiterzugeben, der damit effektiver arbeiten kann. Es ist sinnvoll, Hilfsmittel wie Videoaufzeichnungen einzusetzen, um effektives Kommunizieren zu lernen.

5.2 Verhalten und Beurteilen

Die wöchentliche Teamversammlung hat angefangen, es soll über eine Anzahl von Klienten gesprochen werden. Marianne hat am Tag zuvor gearbeitet und berichtet, dass es Spannungen in der Gruppe gab. Sie erzählt: „Caspar hat gestern den ganzen Tag genervt. Er hat, ohne es mit mir abzusprechen, einfach den Nachmittag freigenommen, weil er so müde war. Kaum war er zuhause, wurden mit dem CD-Spieler im Wohnzimmer lautstark die Rolling-Stones gespielt. Er hat demonstrativ die Füße aufs Sofa gelegt und laut und falsch mit der Musik mitgegrölt. Dabei hat er immer geguckt, ob ich wohl reagieren würde. Um drei Uhr kamen zwei Mitarbeiter von der Werkstatt nach Hause. Sofort fing Caspar an, auch sie aufzumischen. Sie wollten gern fernsehen, aber Caspar wollte sie daran hindern und sagte, dass er dann ja nicht gemütlich Musik hören könnte. Da war bei mir das Maß voll. Ich habe ihm gesagt, dass er uns den Tag nicht verderben soll und dass er, wenn er so weiter macht, in sein Zimmer muss. Es ist doch beknackt für die anderen Bewohner, wenn sie unter Caspars Verhalten leiden müssen."
Das berichtet Marianne bei der Teamversammlung. Sie ist immer noch ganz verbittert über das, was gestern passiert ist.

In dieser Beschreibung vermischen sich Verhalten und Beurteilung des Verhaltens. Aber es gibt einen wesentlichen Unterschied zwischen beiden. Verhalten bezeichnet das, was jemand wirklich sagt oder tut. Das, was für jedermann dasselbe bedeutet. Wir können es sehen, hören oder fühlen. Eine Beurteilung ist das, was man dem

Verhalten mit dem eigenen Denken hinzufügt, und das kann je nach Person unterschiedlich ausfallen. Weil aber jeder Dinge unterschiedlich wahrnehmen kann, ist die Chance groß, dass daraus eine Meinungsverschiedenheit oder Streit entsteht.

Um hier Klarheit zu schaffen, nehmen wir Mariannes Bericht bei der Teamversammlung noch einmal unter die Lupe. Jetzt setzen wir die Partien mit Beschreibung des Verhaltens in Fettdruck und die Beurteilungen von Marianne kursiv.

> „*Caspar hat gestern den ganzen Tag genervt.* **Er hat, ohne es mit mir abzusprechen, einfach den Nachmittag freigenommen, weil er so müde war.** Kaum war er zuhause, wurden mit dem CD-Spieler im Wohnzimmer *lautstark* die Rolling-Stones gespielt. Er hat *demonstrativ* **die Füße aufs Sofa gelegt** und *laut und falsch mit der Musik mitgegrölt. Dabei hat er immer geguckt, ob ich wohl reagieren würde.* **Um drei Uhr kamen zwei Bewohner von der Werkstatt nach Hause.** Sofort fing Caspar an, auch sie *aufzumischen.* **Sie wollten gern fernsehen, aber Caspar wollte sie daran hindern und sagte, dass er dann ja nicht gemütlich Musik hören könnte.** Da war bei mir das Maß voll. Ich habe ihm gesagt, dass er uns *den Tag nicht verderben soll* und dass er, wenn er so weiter macht, in sein Zimmer muss. *Es ist doch beknackt für die anderen Bewohner, wenn sie unter Caspars Verhalten leiden müssen.*“

Alles fett Gedruckte ist Information über Tatsachen; darüber gibt es keine Diskussion. Caspar hat freigenommen und er hat die Füße aufs Sofa gelegt.

Alle Sätze oder Wörter, die kursiv gedruckt sind, geben Urteile von Marianne wieder. Es besteht eine große Chance, dass Caspar dem entgegenhalten würde, dass er nicht genervt hat oder dass es doch halb so schlimm war mit der Lautstärke der Musik. Er wird abstreiten, dass er die Füße demonstrativ aufs Sofa gelegt hätte, und er hätte auch nicht die Stimmung verdorben.

Je mehr Marianne die Situation beurteilt, desto größer ist die Chance, dass Konflikte mit Caspar entstehen. Durch solche Beur-

teilungen können Situationen mit Klienten leicht aus dem Ruder laufen, manchmal bis hin zur physischen Gewalt.
Wenn beurteilend gesprochen wird, können in Teamversammlungen ellenlange Diskussionen entstehen. Man kommt nicht weiter mit diesen unversöhnlichen Standpunkten, und es gibt keine Entscheidungen. Urteile wie: Er ist faul, aggressiv, bequem, nicht ehrlich, hinterlistig usw. hört man oft. Die Kommunikation untereinander fördern sie nicht.
Auch Berichte stehen häufig voller Interpretationen des Wahrgenommenen. Je mehr aber Verhaltensbeschreibungen berichtet werden, desto tatsachengetreuer, sachlicher und also kürzer kann über die wichtigen Situationen geschrieben werden. In der folgenden Tabelle gibt es einige Beispiele, wie Beurteilungen in Verhaltensbeschreibungen „übersetzt" werden können.

Beurteilung	Verhalten
Der Bewohner verschwendet Geld.	Der Bewohner kauft für 10 Euro Pornohefte.
Der Bewohner hat schlechte Essmanieren.	Der Bewohner rülpst, schmatzt.
Der Bewohner ist schlampig.	Der Bewohner lässt Kleidungsstücke auf dem Fußboden liegen, verliert Sachen.
Der Bewohner ist ordentlich.	Der Bewohner hängt seine Jacke auf, macht sein Bett.
Der Bewohner ist tollpatschig.	Der Bewohner kommt ohne anzuklopfen ins Zimmer.

Natürlich kommen wir nicht ohne die Beurteilung bestimmten Verhaltens anderer aus. In Kapitel 5.7 wird es ausführlich um dieses Thema und um Ich-Botschaften gehen.

5.3 Akzeptables und inakzeptables Verhalten

Nahezu alle Menschen, die in einer Einrichtung wohnen oder in einer Werkstätte für behinderte Menschen arbeiten, sind von ihren Begleitern und von der für die Einrichtung verantwortlichen Organisation abhängig. Eigentlich ist die Macht der Begleiter immer groß. Darüber hinaus haben Klienten mit vielen verschiedenen Begleitern zu tun, von denen jeder seine eigenen Werte und Normen mitbringt. In Konflikten muss der Klient meistens den Kürzeren ziehen.
Eltern oder Begleiter haben meistens ihre persönliche Sicht in Bezug auf das Verhalten des Klienten. Für alles, was der andere tut, gibt es in diesem Zusammenhang immer zwei Möglichkeiten: Man akzeptiert das Verhalten oder nicht. Wenn Sie Verhalten gut heißen oder nicht unangenehm, ist es für Sie akzeptabel, wenn es Sie aber auf die eine oder andere Weise belästigt, Ärger verursacht oder mit ihren eigenen Bedürfnissen kollidiert, dann ist es für Sie inakzeptabel.

5.4 Verhaltensmaßstab

Für jeden Klienten, mit dem Sie in Beziehung stehen, haben Sie im Geiste so etwas wie einen Maßstab. Alle Verhaltensweisen des Klienten können Sie gleichsam an diesem Maßstab messen. Es ist ein sehr persönlicher Blick auf das Verhalten des Klienten, und für jeden Klienten gilt gleichsam ein eigener Maßstab. Diesen Maßstab in ihrem Denken bezeichnen wir als *Verhaltensmaßstab.*

Wenn Sie also Verhalten gut heißen oder nicht unangenehm finden, finden Sie es akzeptabel.
Wenn Verhalten Sie aber auf die eine oder andere Weise überlastet oder Ärger verursacht oder nicht mit ihren eigenen Bedürfnissen übereinstimmt, fällt es sozusagen unter die Schwelle möglicher Akzeptanz und ist für Sie inakzeptabel (siehe Schema).

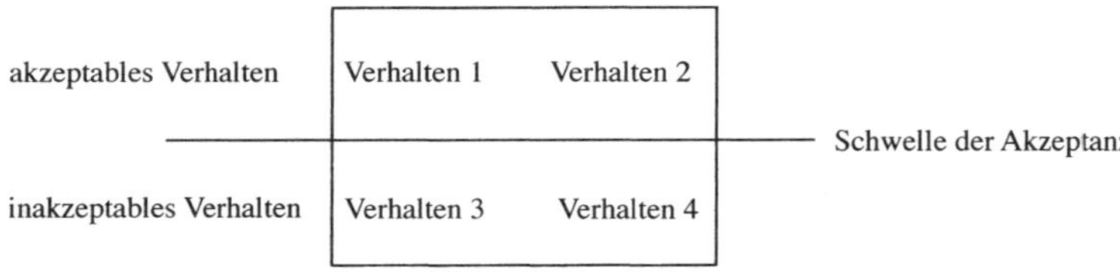

Ob Verhalten akzeptabel ist oder nicht, macht sich im Laufe eines Tages auch an ganz kleinen Ereignissen bemerkbar. Zum Beispiel: Ein Klient putzt beim Hereinkommen seine Füße nicht ab; während der eine Begleiter ihn daraufhin zurückschickt, wird ein anderer dies nicht einmal wahrnehmen, da er das selbst auch nie tut. Gut vorstellbar, dass auch während des Essens leicht Diskussionen darüber entstehen können, ob Verhalten akzeptabel ist oder nicht.

Ob Sie ein Verhalten akzeptabel finden oder nicht, kann auch von Ihrem eigenen Wohlbefinden zum gegebenen Zeitpunkt abhängen: Ob Sie sich ausgeruht fühlen, etwas Schönes in Aussicht haben oder ob Sie gerade selbst einen Anpfiff bekommen haben. Ihre Akzeptanz wird aber auch durch die Umgebung mitbestimmt. Es macht z. B. sehr wohl einen Unterschied, ob Menschen im Wohnzimmer Fußball spielen oder auf dem Rasen. Auch die Person des Gegenübers beeinflusst, in welchem Maß Sie bereit sind, Verhalten zu akzeptieren. Wer ist es? Können Sie diesen Klienten oder Kollegen nicht ausstehen oder finden Sie ihn gerade sehr nett? Manchen Menschen können Sie viel mehr zugestehen als anderen.

Wenn Sie es akzeptabel finden, was ein anderer tut, sind Sie im Prinzip gut imstande zuzuhören, was diese Person ihnen sagt, nichts stört Sie dabei. Wenn Ihnen aber die Haare wegen der Dinge, die ein Klient tut, zu Berge stehen und Sie damit überhaupt nicht übereinstimmen, können Sie ihm auch nicht mehr gut zuhören.

Ein Klient einer Gartenarbeitsgruppe hat die Angewohnheit, beim Feierabend alle Gartengeräte draußen liegen zu lassen. In einer Pause kommt dieser Klient weinend zu seinem Begleiter, der gerade dabei ist, die Geräte einzusammeln. In

diesem Beispiel hat der Begleiter erst mal die Nase voll von diesem Klienten, der seine Aufgabe nicht erledigt hat. Er findet das Verhalten des Klienten inakzeptabel und erlebt das als ein Problem. In einem solchen Moment ist es für einen Begleiter unmöglich, sich auf der Stelle dem Weinen des Klienten zuzuwenden, er kann ihm so nicht aktiv zuhören.
Ein Kollege, der die Schicht nach Ihnen hat, kommt zum vierten Mal zu spät zur Arbeit. Stolz möchte er Ihnen sein neues Auto zeigen. Weil Sie aber das Problem mit seinem Zuspätkommen haben, können Sie seinen Enthusiasmus kaum teilen und reagieren schwach.

Eine Ich-Botschaft (siehe auch Kapitel 5.7) ist die geeignete Art und Weise, eigene Blockaden zu durchbrechen, wenn Sie einem anderen nicht gut zuhören können, weil Sie dessen Verhalten in diesem Moment nicht akzeptabel finden.
Möglich ist auch, dass ein Klient ein Problem hat. Durch verschiedene Verhaltensweisen kann er zu erkennen geben, dass er sich nicht glücklich oder zufrieden fühlt; er hat ein Bedürfnis, das nicht befriedigt wird. Vielleicht ist sein bester Freund gerade ausgezogen, und nun fühlt er sich einsam und bedrückt. In solchen Fällen ist es wichtig, dass Begleiter akzeptieren, dass der Klient ein Problem hat und das auch vermitteln, indem Sie zuhören.
In vielen Situationen der Praxis fällt es Begleitern schwer, ein Problem bei ihrem Klienten zu lassen, und sie möchten dem traurigen Menschen dann eine Lösung anbieten. „Ach, bald kannst du ihn besuchen." Es ist aber wichtig, das Problem in erster Linie bei dem Klienten zu lassen, so dass er selbst eine Lösung dafür finden oder um Hilfe bitten kann. Dadurch wächst die Selbstständigkeit des Klienten. Nach unserer Methodik ist es vor allem Aufgabe des Prozessbegleiters und des Alltagsbegleiters, diesen Prozess zu unterstützen. Das Zuhören und Nichtaufdrängen von Lösungen ist eine grundlegende Fähigkeit aller Mitarbeiter. Mehr dazu folgt in Kapitel 5.6.

5.5 Probleme mit Verhaltensmaßstäben

Problem des Klienten	Der Andere	
Kein Problem	Der Andere und ich	
		Schwelle der Akzeptanz
Eigenes Problem	Ich	

Das Gebiet unterhalb der Schwelle der Akzeptanz bezeichnet Verhalten, das Sie nicht akzeptieren und das Ihnen daher Probleme bereitet oder Ihre eigenen Bedürfnisse behindert. Zum Beispiel: Ein Klient nimmt sich Ihr Fahrrad ohne Sie zu fragen. Der Mittelteil des Maßstabs steht für Verhalten, das Sie akzeptabel finden und das weder Ihnen noch dem anderen Probleme bereitet. Zum Beispiel: Ein Klient putzt von sich aus jeden Tag seine Zähne.
Der oberste Teil steht für Akzeptanz, wenn ein Klient ein Problem hat. Ein Klient kann durch vielerlei Verhaltensweisen zu erkennen geben, dass er sich nicht glücklich oder zufrieden fühlt oder ein Bedürfnis verspürt, das nicht befriedigt wird. Zum Beispiel: Die Mutter eines Klienten ist gerade verstorben, und er ist von tiefem Kummer übermannt. Grundlage für die Haltung der Begleiter ist es, dem Klienten akzeptierend zu begegnen, wenn er ein Problem hat.
Die Unterscheidung, um wessen Problem es gerade geht, ist wesentlich, um zu verstehen, wie dieses Problem geeigneterweise angegangen werden kann.

5.6 Aktives Zuhören und Ernstnehmen

Wir müssen uns in Gesprächen mit Klienten immer wieder realisieren, dass diese ein anderes Niveau und eine andere Art zu denken und auch eine andere Sprachentwicklung haben.
Indem wir eine zuhörende Haltung annehmen, können wir ausdrücken, dass wir den Klienten ernst nehmen, dass wir ihn respektieren und dass wir gleichwertig sind. Zuhören kann aber problematisch sein, wenn Menschen nicht gut dazu in der Lage sind,

klarzumachen, was sie wollen oder meinen. Viele Menschen sind nicht oder nur in geringem Maße in der Lage, gesprochene Sprache zu verwenden. Für diese Gruppe müssen wir beim Zuhören mehr Anstrengung aufwenden, und es muss auch auf ihre nonverbalen Signale (Gebärden, Mimik, Körperhaltung und dergleichen, „gehört" werden.
Auch Klienten, die Sprache verwenden, haben oft Schwierigkeiten, sich klar auszudrücken. So kann es sein, dass die Betonung auf etwas liegt, das sie gar nicht meinen. Ein oberflächlicher Zuhörer entnimmt einer Geschichte dann gerade die falschen Dinge und kommt zu falschen Interpretationen und demzufolge zu falschen Reaktionen. In der obersten Abteilung des Verhaltensmaßstabs sprachen wir von Verhalten im Zusammenhang mit einem Problem des Klienten. Aktives Zuhören ist gestört, wenn Sie mit dem Gegenstand, der den Klienten beschäftigt, ein Problem haben. Dann sollen Sie Ihr Problem mit einer Ich-Botschaft benennen. Folgende Punkte helfen Ihnen, einen Klienten beim Umgang mit Problemen zu unterstützen.

- Widmen Sie dem Klienten Aufmerksamkeit.
- Schweigen Sie und hören Sie die Botschaften des Klienten; hören Sie die gesamte Botschaft an, nicht nur die positiven Dinge, sondern auch die Dinge, die nicht angenehm sind.
- Folgen Sie den Gefühlen und den Bedeutungen des Klienten.
- Verwenden Sie so genannte Türöffner, um ein Gespräch zu eröffnen oder in Gang zu halten.
- Versuchen Sie, sich in das Problem des Klienten hineinzuversetzen und lassen Sie sich nicht ablenken, sondern konzentrieren Sie sich auf den anderen.
- Akzeptieren Sie den Klienten auch mit seinen Problemen.
- Seien Sie echt, tun Sie nicht als ob.

Dies alles gehört zu der Haltung, die wir mit aktivem Zuhören bezeichnen. Sie können die Bedeutung und die Gefühle, von denen Sie in der Botschaft des Klienten hören, in Worte fassen. Auf diese Weise geben Sie dem Klienten Rückmeldung. Es handelt sich dabei um einen Prozess, der Sie selbst dazu zwingt, die Botschaft des Senders wiederzugeben, indem Sie aktiv zuhören. Prüfen Sie, ob Sie den Sender verstanden haben. In eigenen Worten geben Sie dessen Erleben, Denken und Gefühle wieder.

> Martin ist zu einem Fest eingeladen worden, er kommt zu Ihnen und sagt: „Ich habe nichts anzuziehen, meine Sachen sind zu altmodisch." Sein Gefühl ist Unsicherheit.
> Die Antwort eines aktiven Zuhörers wäre: „Du wolltest heute gut aussehen und weißt nicht, was du anziehen sollst?"
> Eine Falle wäre es, zu sagen: „Mecker nicht, du hast genug Sachen im Schrank!"

Schlechte Hörgewohnheiten

- Nicht aufpassen: Sie denken z. B. an etwas anderes und sind schnell durch die Umgebung abgelenkt.
- Sie tun so, als ob Sie zuhören: So geben Sie dem Klienten ein falsches Gefühl, er könnte etwas erreichen.
- Sie hören nur, was Sie erwarten: Sie denken, Sie werden doch nur hören, was Sie erwarten. Folglich hören Sie nichts, was Sie nicht hören wollen.
- Auf der Hut sein: Sie gehen davon aus, dass Sie wissen, was der andere meint, und aus verschiedenen Gründen halten Sie das, was der andere sagt, für einen Angriff.
- Begierig auf Uneinigkeit sein: Auf die Gelegenheit lauern, durch intensives Zuhören etwas zu entdecken, womit Sie nicht übereinstimmen, statt sich auf positive Dinge zu konzentrieren.

Eine Grundlage, um das eigene Zuhörvermögen zu verbessern, besteht darin, sich das eigene Zuhörverhalten bewusst zu machen und motiviert sein, es zu verbessern. Wir müssen dafür eine Haltung des aktiven Zuhörens annehmen, darin äußert sich eine kommunikative Fähigkeit, anderen dabei zu helfen, ihre eigenen Probleme zu lösen. Diese Haltung bezweckt nicht Manipulation, jemanden so denken oder handeln zu lassen, wie man selbst es wichtig findet.

Zuhören

Wenn ich dich bitte, mir zuzuhören,
und du fängst an, mir gut zu raten,
dann tust du nicht, worum ich bitte.

Wenn ich dich bitte, mir zuzuhören,
und du fängst an, mir zu sagen,
ich soll nicht fühlen wie ich fühle,
dann nimmst du meine Gefühle nicht ernst.

Wenn ich dich bitte, mir zuzuhören,
und du glaubst, du musst etwas tun,
meine Probleme zu lösen,
dann lässt du mich im Stich,
so seltsam das klingen mag.

Vielleicht ist das der Grund, warum bei
manchen Menschen beten wirkt, weil
Gott nicht antwortet und keine Ratschläge
gibt oder versucht, deine Dinge zu regeln,
er hört nur zu und vertraut darauf,
dass du das selbst gut lösen kannst.

Also bitte, höre nur zu
und versuche, mich zu verstehen.

Und wenn du sprechen möchtest, warte eben, und
ich verspreche dir, dass ich meinerseits dir
zuhören werde.

Leo Buscaglia

Um effektiv zuhören zu können, müssen Sie die bewusste Verantwortung übernehmen, das, was gesagt wird, inhaltlich und gefühlsmäßig zu verstehen. Der gute Zuhörer kann reagieren, indem er mit eigenen Worten wiedergibt, was der andere meint.
Folglich lassen sie einen Klienten durch Ihr aktives Zuhören spüren, dass Sie ihn verstehen wollen. Damit helfen Sie ihm, herauszufinden, was genau sein Problem ist. Durch diese Einsicht eröffnen Sie dem Klienten eine Chance, sein Problem zu lösen.

Am Ende des Buchs wird eine praktische Zuhörübung beschrieben (Übung 1): Ein Gespräch zwischen einem Klienten und einem Begleiter, bei dem eigentlich im Prinzip nur eine Antwort möglich wäre. Wenn aber eine verkehrte Antwort gegeben wird, weil man nicht zugehört hat, verstummt das Gespräch (siehe auch das Gedicht auf der Seite 121).

5.7 Ich-Botschaften

Eine klare Kommunikation entsteht, wenn eine klare Aussage präzise aufgenommen wird. In einer klaren Kommunikation senden Sie Botschaften aus, die so genau wie möglich wiedergeben, was in diesem Moment in Ihnen vorgeht, damit ein anderer verstehen kann, was Sie erleben.
Wir verwenden hier den Begriff der Ich-Botschaft für Gesprächsformen, mit denen wir einen klaren Austausch untereinander erreichen wollen.
Eine Ich-Botschaft:
- ist klar, verständlich und sachlich, also weder indirekt noch vage;
- sagt etwas über mich aus;
- wirkt effektiv, um meine Bedürfnisse klarzumachen und den anderen zur Mithilfe aufzufordern.

Stimmt mein äußeres Verhalten mit meinem inneren Erleben überein?
Sie finden auf Seite 151 die Übung 2 für die Formulierung von Ich-Botschaften.

Sie sind müde. Sie würden klar kommunizieren, indem Sie sagen: „ Ich bin müde."
Die Kommunikation bleibt unklar, wenn Sie fragen: „Wie lange dauert es noch?", oder wenn Sie während des Gesprächs gähnen.
Sie sind in Eile. Sie kommunizieren deutlich, wenn Sie sagen: „Ich bin in Eile." Die Kommunikation ist unklar, wenn Sie auf- und ablaufen oder das Gesicht verziehen und schnaufen.

Wir unterscheiden fünf verschiedene Ich-Botschaften:

1. Die erklärende Ich-Botschaft
   Diese Botschaft zeigt, wer Sie wirklich sind. Mit einer erklärenden Ich-Botschaft äußern Sie Ihre Meinung, Ihre Gefühle, Gedanken oder Werte. Sie lernen sich selbst dadurch besser kennen und die anderen Sie. Beispiele:
   - Ich finde es wichtig, dass Klienten nicht während der Mahlzeiten rumschreien.
   - Ich finde es ärgerlich, wenn Kollegen zu spät kommen.
   - Ich denke, dass Klienten ihre Regeln selbst aufstellen sollen.

2. Die präventive Ich-Botschaft
   Mit präventiven Ich-Botschaften wollen wir Probleme im Vorfeld abwenden. Diese Ich-Botschaften setzen Sie ein, um Schwierigkeiten, die Sie im Voraus erkennen, zu verhindern. Wenn Sie von vornherein zu erkennen geben, welches Ihre Bedürfnisse sind, können andere dies berücksichtigen. Zwei Beispiele:
   - Ich arbeite in einer Werkstatt für behinderte Menschen als Gruppenleiter und muss meine Gruppe wegen einer Versammlung allein lassen. Mit einer präventiven Ich-Botschaft sage ich der Gruppe: „Ich muss um drei Uhr in eine Versammlung gehen und wäre froh, wenn hier alle weiterarbeiten."
   - „Ich möchte gerne wissen, was du heute Abend vor hast, damit ich meinen Dienst darauf abstimmen kann."

3. Die positive Ich-Botschaft
   Positive Ich-Botschaften stärken Beziehungen. Klienten können Dinge tun, die ihre Begleiter als störend empfinden, auf der anderen Seite können sie aber auch positive Dinge tun, die man nicht erwartet hatte. In der Praxis zeigt sich, dass schneller auf negatives Verhalten reagiert wird und dass positives Verhalten als normal angesehen wird. Es ist wichtig, mit negativen und positiven Gefühlen offen umzugehen. Positive Ich-Botschaften geben Beziehungen Wärme. Darüber hinaus stärken sie das Selbstwertgefühl sowohl von Kollegen als auch von Klienten.
   Auch hierzu zwei Beispiele:
   - „Ich finde es gut, dass du den Tisch gedeckt hast, wie wir es abgesprochen hatten."
   - „Ich finde es sehr nett, dass du mir eine Karte geschickt hast, als ich Probleme hatte."

4. Die beantwortende Ich-Botschaft
   Beantwortende Ich-Botschaften geben klare Antworten. Wenn ein Klient Sie etwas fragt, das Sie mit „nein" beantworten möchten, wirken Sie umso klarer, wenn Sie dabei auch die Gründe sagen, warum etwas nicht geht. Eine antwortgebende Ich-Botschaft kann natürlich auch ein „Ja" sein. Dabei ist die Angabe von Gründen nicht unbedingt erforderlich, kann ihrem Gegenüber aber gelegentlich Ihre Wünsche und Erwartungen deutlicher machen.
   Indem Sie eine Anfrage bewusst prüfen, kann es Ihnen deutlicher werden, warum Sie etwas wollen oder nicht. Beispiel:
   - Ein Klient fragt, ob er ein Päckchen Kekse öffnen kann. Mit einer antwortgebenden Ich-Botschaft sagen Sie z. B.: „Nein, das geht nicht, heute Abend kommt noch Besuch, und wenn du jetzt das letzte Päckchen öffnest, haben wir dann zu wenig."

5. Die konfrontierende Ich-Botschaft
   Mit einer konfrontierenden Ich-Botschaft sagen Sie Ihrem Gegenüber, dass sein Verhalten für Sie nicht akzeptabel ist. Der andere hat etwas getan, das Ihre Bedürfnisse durchkreuzt.

Eine konfrontierende Ich-Botschaft soll immer folgende Aspekte beschreiben:
- Verhalten,
- Gefühl,
- Folgen.

Sie sagen etwas über das Verhalten, ohne ein Urteil abzugeben. Sie sagen etwas über die Folgen des Verhaltens und welche Gefühle es bei Ihnen auslöst.
Konfrontierende Ich-Botschaften werden häufig eingesetzt, wenn Konfliktsituationen drohen oder Verhalten schwierig wird. Nach einem Praxisbeispiel werden wir noch näher darauf eingehen, weil bei richtigem Einsatz konfrontierender Ich-Botschaften Eskalationen verhindert werden können.

Piet kann nicht schlafen. Da er am nächsten Tag frei hat, entschließt er sich dazu, seine Lieblingsmusik anzustellen. Es ist aber zwei Uhr nachts, und eine Reihe von Klienten und der Leiter werden von dieser Hausmusik geweckt. Etwas muss geschehen! Solche Situationen kommen in jeder Einrichtung mal vor. Wie Begleiter auf Piet reagieren, kann aber ganz unterschiedlich sein: Einer geht nach oben und bittet, die Musik leiser zu stellen, einer ist wütend und schaltet die Musik ab, einer hofft, dass Piet seine Musik leiser dreht, einer schaltet in seiner Ratlosigkeit den Strom ab, einer geht zu Piets Zimmer und sagt ihm, wie ärgerlich er ist, weil er so nicht schlafen kann und am folgenden Tag wieder früh aufstehen muss.
Wie Begleiter auf Piet reagieren, hat viel mit ihren Gefühlen zu tun. Das Problem wird immer größer, wenn Piet nächtelang lautstark Musik spielt und jedes Mal mit Begleitern zu tun hat, die auf der Basis ihres persönlichen Erlebens reagieren.
Insbesondere in Konfliktsituationen muss mit großer Genauigkeit auf Piet reagiert werden, um eine Eskalation zu verhindern.
Klienten haben mit einer ganzen Reihe von Begleitern zu tun, von denen jeder seine eigenen Werte und Normen hat.

So ist es von Bedeutung, ob die Tatsache, dass Piet mitten in der Nacht Krach macht, für mich als Begleiter akzeptabel ist oder nicht. Wenn es für mich akzeptabel ist, muss ich mich nicht weiter damit befassen und ärgere mich auch nicht darüber. Für die meisten wird das in der Praxis allerdings nicht zutreffen. Sie finden ungestörte Nachtruhe wichtig und möchten, wenn es irgend geht, gern durchschlafen. Wer so empfindet, hat ein Problem mit Piet, weil man wegen seiner Musik nicht schlafen kann.

Verhalten:
Eine Beschreibung des Verhaltens ist für alle gleich lautend. Im Beispiel von Piet geht es um das Verhalten, Musik zu spielen. Sage ich auch, dass er laut oder leise Musik spielt, handelt es sich nicht mehr um eine Verhaltensbeschreibung, vielmehr spreche ich ein Urteil aus. Mit diesem Urteil vergrößert sich die Wahrscheinlichkeit, dass Piet dagegen anstreitet, weil er die Sache ganz anders empfindet. Die Wahrscheinlichkeit ist groß, dass wir eine unversöhnliche Atmosphäre schaffen. Mit dem ersten Teil der Ich-Botschaft, der Verhaltensbeschreibung, stehe ich aus meinem Bett auf und gehe in Piets Zimmer und sage: „Es ist jetzt drei Uhr nachts und ich höre Musik."

Gefühl:
Die Chance, dass Piet kooperiert, ist größer, wenn Sie Ihre persönlichen Gefühle benennen. Ein Gefühl soll ehrlich sein und glaubwürdig. Mir stinkt die Tatsache, dass ich mitten in der Nacht wegen der Musik aus dem Bett muss, es ist folglich gut, meinen Ärger zu äußern.

Folgen:
Die Folge eines Verhaltens betrifft mich persönlich. Meine Botschaft sagt etwas über die Konsequenzen, die sich aus der Tatsache ergeben, dass die Musik spielt. Hier zeigt sich mein Problem. Ich kann nämlich nicht schlafen, und morgen früh muss ich wieder aufstehen. Es ist wichtig, nur zu benennen, was die Folgen für mich sein werden. Es wäre

falsch, Piet zur Lösung des Problems zu zwingen, die Anlage leiser zu drehen. Das würde unmittelbar die Wahrscheinlichkeit eines Streits vergrößern.

Zusammengefasst sieht meine Ich-Botschaft für Piet folgendermaßen aus: „Es ist drei Uhr nachts, und ich höre Musik. Das stinkt mir! Ich kann jetzt nicht schlafen und morgen früh muss ich wieder früh aufstehen."
Ich habe das Verhalten benannt, dass ich inakzeptabel finde. Nun ist Piet an der Reihe zu antworten. Er hat nun selbst die Möglichkeit, nach einer Lösung zu suchen, statt dass ich ihm vorschreibe, was er tun muss. Nun kann ich zuhören, welche Gründe er vorbringt.

Emotionale Temperatur

Auch wenn ein Begleiter eine richtige Ich-Botschaft aussendet, kann es doch sein, dass ein Klient sich zu dem Zeitpunkt gar nicht dafür interessiert. Er sucht weiter Streit. Es wird gewiss nicht helfen, sein Missfallen dann mit einer neuen Ich-Botschaft zum Ausdruck zu bringen. Die Wahrscheinlichkeit ist groß, dass ein Streit auflodert, denn niemand findet es schön, von anderen zu hören, dass sein Verhalten stört. Die einzig wahre Reaktion, um die emotionale Aufgeladenheit des Klienten zu dämpfen, ist aktives Zuhören und Ernstnehmen der Gefühle des Klienten. Sie wechseln also von der Konfrontation hin zum aktiven Zuhören. Das bedeutet nicht, dass Sie Ihre Rückmeldung unterlassen sollen. Sowie die Emotionen des Klienten sich beruhigen, verwenden Sie von Neuem Ihre Ich-Botschaft.

Fortsetzung der Situation mit Piet:
Auch wenn Sie als Begleiter eine noch so gute Ich-Botschaft geben, kann Piets Reaktion zu Streit führen. Piet sagt beispielsweise: „Kümmere dich um deinen eigenen Kram!" Beharrt der Begleiter dann darauf, eine neuerliche Ich-Botschaft zu geben, würde Piets emotionale Aufladung an-

steigen. Um seine Kooperationsbereitschaft zu gewinnen, ist es besser, nun aktiv zuzuhören. „Du meinst also, ich soll mich um meinen Kram kümmern." Sie schalten von der Konfrontation um auf das Zuhören, und damit versuchen Sie zugleich, ihn zu verstehen. Wenn ich Piet ernst nehme, beruhigen sich seine Emotionen.

Wenn Sie nach dem Umschalten auf Ihre ursprüngliche Ich-Botschaft zurückkommen, sind Ihre Chancen größer, dass der Klient Ihnen zuhört und Ihre Ich-Botschaft akzeptiert. In einem Schema kann das folgendermaßen aussehen:

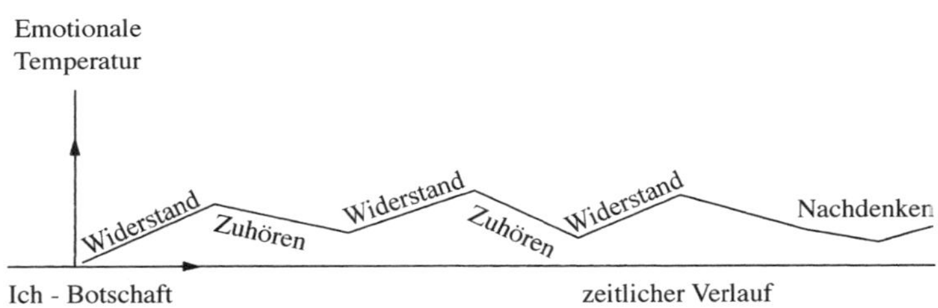

5.8 Du-Botschaften

Eine unklare Form der Kommunikation entsteht, wenn wir über jemanden sprechen, z. B.: „Du bist ein Dreckspatz", oder: „Dir kann man nicht trauen." Das sind so genannte Du-Botschaften. Sie sagen etwas über den anderen, aber nichts über den Sprecher.
Du-Botschaften wirken blockierend auf die Kommunikation, wenn das Verhalten eines Klienten problematisch wird. Sie verlieren ihre negative Bedeutung, wenn es von der Sache her unproblematisch ist.
Kommunikationsverhinderer können die folgenden Kommunikationsformen sein:

- Befehlen, kommandieren
- Drohen, warnen
- Predigen, moralisieren

- Raten, Lösungen vorschlagen
- Belehren, logisch überzeugen wollen
- Anschuldigen, kritisieren
- Loben, Recht geben
- Beschimpfen, lächerlich machen
- Analysieren, Erklärungen abgeben
- Mitfühlen, beruhigen
- Verhören, Fragen stellen
- Ablenken, Sarkasmus.

Du-Botschaften

- erwecken Widerstand,
- untergraben das Selbstwertgefühl des Klienten,
- schwächen die Beziehung,
- hindern den Klienten, Probleme in Eigeninitiative zu lösen oder sein Verhalten zu ändern.

6 Prozessbegleitung und Alltagsbegleitung: Drei Fallbeispiele

In diesem Kapitel geht es um drei Beispiele zur Bedeutung der Arbeit mit einem Prozess- und einem Alltagsbegleiter.
Das erste Beispiel handelt von einem Bewohner, der eine Beziehung wünscht und die dabei unvermeidbaren Probleme erlebt.
Im zweiten Fall geht es um vier ältere Herren, deren Qualitäten im betreuten Wohnen durch die Unterstützung durch einen Alltagsbegleiter und einen Prozessbegleiter optimal eingesetzt werden.
Der dritte Fall beschreibt die Probleme eines Mitarbeiters in einer Werkstatt für behinderte Menschen, der nicht richtig verstanden wurde.

6.1 Laurenz sucht eine Frau

„Hier spricht die Polizei. Bei uns ist ein Mann, ein gewisser Laurenz, den wir gerade aufgegriffen haben. Er sagt, dass er bei Ihnen in der Wohnstätte wohnt, stimmt das?“
„Moment, ich rufe eben die Wohnstättenleitung.“

Um wen handelt es sich eigentlich? Laurenz ist ein Mann im mittleren Alter, der seit einem halben Jahr in der Wohnstätte wohnt. Er hatte sein Leben lang bei seinen Eltern gelebt und war allein zurückgeblieben, als sein Vater und seine Mutter kurz nacheinander starben. Laurenz war in keiner Wohnstätte angemeldet, weil seine Mutter nach der Besichtigung einer Wohnstätte entschieden hatte, dass ihr Sohn nicht so sehr behindert wäre wie die übrigen Bewohner, die sie dort sah. In der Zeit, in der Laurenz noch zuhause wohnte, lief alles reibungslos, weil er ziemlich kurz

gehalten wurde. Er wusste genau, woran er war. Tagsüber arbeitete er in einer Werkstätte für behinderte Menschen, und abends war er zuhause bei seinen Eltern. Der einzige Kontakt mit der Außenwelt waren die Treffen mit Familienmitgliedern.
Diese „Sicherheiten“ entfielen aber, als seine Eltern starben. Trotz der Tatsache, dass die Betreuung von Laurenz durch einen Neffen übernommen wurde, der dreimal in der Woche vorbei kam, stellte Laurenz bald fest, dass er an vier Abenden allein war. Zwar wurden seine Mahlzeiten durch Essen auf Rädern geregelt, und er stellte seine Einkaufslisten zusammen mit dem Neffen auf, aber die Abende schienen immer länger zu werden. Vielen Fernsehprogrammen konnte Laurenz nicht folgen, weil er nicht lesen konnte und weil so kompliziert gesprochen wurde. Um der Langeweile zu entgehen, begab sich Laurenz auf lange Spaziergänge. In Gaststätten kam er mit Alkohol in Berührung, das war etwas, was er bald sehr lecker fand. Er kaufte auch für zuhause alkoholische Getränke, bis sein Neffe eine Flasche Schnaps im Schrank fand. Damit konnte Laurenz also besser nicht fortfahren.
Laurenz kam immer schlechter im Alltag klar. Er litt an Schlaflosigkeit, gegen die er nächtens Spaziergänge unternahm, und verbummelte seine Arbeit.
Der Hausarzt und das Sozialamt wurden eingeschaltet, und Laurenz kam auf die Warteliste für eine Wohnstätte.

Der Gruppenleiter ging ans Telefon. Ob er Laurenz vom Bahnhof abholen könne? Es sei nun schon das zweite Mal, dass er reisende Frauen belästigte. Es sei inakzeptabel, und obwohl Laurenz selbst gar nicht Bahnfahrer ist, bekommt er dort Hausverbot. Der Dienst habende Gruppenleiter holte ihn vom Bahnhof ab. Laurenz zitterten die Knie. Er versprach sofort, es nie wieder tun zu wollen. Er würde auch nie wieder zum Bahnhof gehen. Auf dem Nachhauseweg sagt der Gruppenleiter, dass er im Team über die entstandene Situation sprechen will, um darüber zu beraten. Bis dahin muss Laurenz, wenn er abends raus will, mit dem Dienst habenden Leiter sprechen.

In diesem Fall zeigten sich eine Reihe von Problemen:

- Es könnte sein, dass die Einrichtung einen schlechten Ruf bekommt.
- Es müssten Maßnahmen ergriffen werden.
- Der Gruppenleiter ist sauer über das, was Laurenz getan hat.
- Durch das Telefongespräch weiß einer der Mitbewohner, dass Laurenz von der Polizei aufgegriffen worden ist.
- Woher kommt es, dass Laurenz sich so aufführt?
- Laurenz' Bewegungsfreiheit wird eingeschränkt.

Tatsächlich wird das Team mindestens mit zwei Problemsituationen konfrontiert: mit der Verletzlichkeit der Wohnstätte und mit Laurenz' Verhalten, das so nicht toleriert werden kann. Mit anderen Worten: Das Verhalten von Laurenz muss sich ändern.

Meistens bekommt der Begleiter des Klienten als Hauptverantwortlicher die Aufgabe, dieses Problem zu lösen. Er muss Laurenz mit seinem Verhalten konfrontieren, ihm Sanktionen aufzeigen, die Belange der Wohnstätte vertreten … und schließlich auch Verständnis für die Beweggründe von Laurenz aufbringen. Er muss doch einen Grund haben, solches Verhalten zu zeigen, was ist eigentlich die Ursache davon?
Es ergibt sich die Frage: Können diese Facetten der Begleitung (Verständnis und Konfrontation) durch einen einzigen Begleiter abgedeckt werden? Und weiter: Inwiefern können wir der Erlebenswelt von Laurenz gerecht werden, wenn wir ihn zugleich mit seinem Verhalten konfrontieren müssen?
Es scheint logisch, dass ein Begleiter dann mit Laurenz in einen Prozess gerät, in dem Sanktionen im Mittelpunkt stehen. Die Maßgabe, dass Laurenz keine unbekannten Frauen ansprechen darf und nicht mehr mit der Polizei in Berührung kommen soll, ist häufig gewichtiger als die Frage, woher es kommt, dass Laurenz solches Verhalten zeigt.

Unsere Methodik der zunehmenden Gleichberechtigung in der praktischen Arbeit geht davon aus, dass zwei Gruppenmitarbeiter einen Bewohner begleiten. Jeder Bewohner hat einen Alltagsbegleiter und einen Prozessbegleiter. Der Alltagsbegleiter hält

Rücksprache und konfrontiert den Klienten falls nötig, während der Prozessbegleiter die Nähe des Bewohners sucht und sich für dessen Erlebenswelt interessiert. Der Prozessbegleiter würde niemals Streit mit dem Bewohner beginnen, damit ein Band des Vertrauens zwischen beiden entsteht.
Die Gespräche zwischen dem Prozessbegleiter und dem Bewohner finden wöchentlich statt und dauern maximal eine halbe Stunde. Auch wenn in diesem Beispiel eine Problemsituation beschrieben wurde, ist Prozessbegleitung doch in der Regel angenehm, und es wird dabei über alltägliche Dinge gesprochen.

Zurück zu den Problemen mit Laurenz. Im Team wird die Absprache getroffen, dass nur der Alltagsbegleiter und der Prozessbegleiter Laurenz auf diese Situation ansprechen. Am selben Abend treffen die beiden ihre Absprachen mit ihm. Als Erster wird der Alltagsbegleiter Laurenz mit seinem Verhalten konfrontieren und ihm verbieten, Frauen, die ihm nicht bekannt sind, auf der Straße anzusprechen. Daran muss Laurenz sich halten, dennoch bekommt der Alltagsbegleiter den Eindruck, dass Laurenz dies verspricht, weil er es von ihm verlangt, und nicht aus dem Gefühl heraus, dass er etwas getan hätte, dass man ihm nicht durchgehen lassen kann.
Beim Gespräch mit dem Prozessbegleiter zeigt Laurenz seinen Kummer und seine Wut. Warum hat ihn die Polizei aufgegriffen? Warum beschneidet der Alltagsbegleiter seine Freiheiten? Wegen seiner Emotionen kann Laurenz die Dinge kaum in Worte fassen (etwas, was er ohnehin nur schwer kann). Der Prozessbegleiter schlägt vor, noch einmal mit dem Alltagsbegleiter zu sprechen, wenn Laurenz nicht versteht, warum die Menschen mit ihm böse sind. Aber das weist Laurenz von der Hand. Er hat allerdings das Bedürfnis, häufiger mit dem Prozessbegleiter zu reden. Während solcher Gespräche zeigt sich sehr schnell, was das Problem ist. Seit Jahren schon wünscht sich Laurenz die Beziehung zu einer Frau. Aber er hat nicht gelernt, auf welche Weise er mit einer Frau Kontakt aufnehmen kann. Natürlich hatte er in seiner neuen Umgebung auf eine Frau gehofft, aber es hat ihn keine in der Wohnstätte gereizt.

Folglich ging Laurenz auf die Straße. Er hatte bei Gesprächen mitbekommen, dass man niemals verheirateten Frauen einen Antrag machen dürfte. Am geeignetsten schienen ihm Witwen, die hatten seiner Ansicht nach Bedarf an neuen Männern. Aber wie konnte er herausfinden, wer Witwe war? Laurenz kam auf die Idee nachzuschauen, ob eine Frau zwei Trauringe trug, die könnte man fragen, ob sie Witwe wäre. Der Bahnhof schien ihm ein idealer Treffpunkt, den viele Frauen passierten.

Obwohl Laurenz aus seiner Sicht so sorgfältig mit der Suche nach einer Beziehung umging, bekam er doch von allen Seiten große Probleme. Dem Prozessbegleiter war nun das Problem ein bisschen klarer. Er konzentrierte seine Bemühungen auf die folgenden Punkte:

1. Laurenz musste verstehen, wie es einer Frau ging, die auf solche Weise angesprochen wurde (das geschah unter anderem in Rollenspielen). Laurenz sah ein, dass er Frauen erschrecken konnte.
2. Sein Wunsch nach einer Beziehung muss ernst genommen werden. Es gibt verschiedene Möglichkeiten, Kontakte zu knüpfen. Indem sie darüber sprechen, lernt Laurenz, andere Möglichkeiten dafür einzusetzen. Es ist für ihn eine neue Erkenntnis, dass er auch eine Anzeige aufgeben kann, durch die er mit einer Frau mit geistiger Behinderung in Kontakt kommen kann. Außerdem meldet er sich zu einem Training an, in dem speziell soziale Fähigkeiten entwickelt werden.
3. Die Beziehung zwischen Laurenz und dem Alltagsbegleiter muss wieder in positive Bahnen gelenkt werden. Insbesondere bei Konflikten zwischen Bewohnern und Alltagsbegleitern gehört es zu den wichtigen Funktionen des Prozessbegleiters, daran etwas zu ändern. Der Prozessbegleiter darf aber nicht in die Falle tappen, dass er gemeinsam mit dem Bewohner das Problem löst und dadurch die Position des Alltagsbegleiters übernimmt. Laurenz entscheidet sich dafür, das soziale Training zu beginnen und eine Anzeige in einer Zeitschrift zu schalten. Mit diesen Entscheidungen geht er zu seinem Alltagsbegleiter

und berät mit diesem, was er nun tun muss. Dabei nimmt die Beziehung dieser beiden wieder eine positive Wendung.

Dieser Fall macht deutlich, wie wichtig es ist, die Betreuung aufzuteilen. Die Unabhängigkeit des Klienten wächst, wenn er sein Verhalten reflektieren kann.

6.2 Vier ältere Herren in ihrem eigenen Haus

Fünf Tage nach ihrem Einzug in die neue Wohnung rutschte Josef auf dem eisbedeckten Bürgersteig nicht weit von zuhause aus. Passanten sahen gleich, dass es ihn bös erwischt hatte. Im Krankenhaus zeigten die Röntgenaufnahmen einen zweifachen Beinbruch. Josef musste operiert werden. Nach der Operation hatte Josefs Alltagsbegleiter ein Gespräch mit dem behandelnden Chirurgen. Angesichts seines Lebensalters – Josef ist gute 60 – wird Rekonvaleszenz zu einem langwierigen Prozess. Daraufhin ergreift der Alltagsbegleiter die Initiative, Josef eine zeitweise Rückkehr in die Wohnstätte zu ermöglichen, damit er optimal versorgt werden kann.

Josef, Peter, Bernd und Jörn sind vier ältere Herren, die den größten Teil ihres Lebens in verschiedenen Wohnstätten gelebt haben. In den letzten drei Jahren haben sie in der selben Wohnstätte gewohnt. Das Entwicklungsniveau von Josef, Peter und Jörn ist niedrig. Sie können weder lesen noch schreiben, und es fällt ihnen schwer, sich verbal auszudrücken. Demgegenüber kann Bernd etwas lesen und verwaltet als Einziger selbst sein Taschengeld. Sowohl Bernd als auch Peter sind auch körperlich behindert. Peter bewegt sich nach zwei Hüftoperationen nur noch mit Stützen, und Bernd hat nach einem Verkehrsunfall Schwierigkeiten beim Laufen.
Zunehmendes Alter der Nutzer von Wohnstätten und anderer Einrichtungen ist ein bekanntes Problem, über das viel gesprochen wird, für das aber nur schwer Lösungen zu finden sind. Zusätzlich zur geistigen Behinderung wird die Organisation auch mit körper-

lichen Handicaps konfrontiert, es fehlt an Tagesstätten, es gibt Probleme mit Demenz und dem Anstieg der Betreuungsstunden, wobei sich der Akzent stärker in Richtung Pflege verschiebt. In vielen Wohnstätten wechseln die Bewohner kaum oder gar nicht. Leicht entsteht dabei die Gefahr, dass immer mehr nach der Sicht der Organisation gedacht und gehandelt wird, und das schränkt die Wahlfreiheit der individuellen Klienten ein.

Die vier Herren wohnen nun zusammen in einem Reihenhaus ungefähr 500 Meter von der Wohnstätte entfernt. Im fortgeschrittenen Alter haben sie diesen in ihren Augen großen Schritt endlich getan. Sie sind nicht mehr von den Regeln der Wohnstätte abhängig, müssen nicht mehr mit Menschen zusammen wohnen, die sie nicht ausgewählt haben, und erleben nun eine größere Ruhe. Josef, Peter, Bernd und Jörn haben jeder ein eigenes Zimmer und eine gemeinsame Küche und ein Wohnzimmer. Die warme Mahlzeit bekommen sie täglich aus der Wohnstätte. Für Frühstück und Abendessen kaufen sie selbst ein. Sie bestimmen auch selbst das Maß an Betreuung, das sie brauchen. Die Erfahrung zeigt, dass der Bedarf an Begleitung auf diese Weise abnimmt. Nach einem halben Jahr erhalten sie durch die Wohnstätte durchschnittlich vier Stunden Hilfe pro Tag. Dreimal pro Woche kommt eine Haushaltshilfe. Die Bewohner nehmen häufiger ihre Familie gezielt in Anspruch. Wöchentlich haben sie ein Gespräch mit ihrem Alltagsbegleiter und mit dem Prozessbegleiter.

Zurück zu Josef. Er hat die Operation gut überstanden. Doch nun muss er von Neuem laufen lernen. Sein Alltagsbegleiter hat alles in der Wohnstätte geregelt, damit Josef dort versorgt werden kann. Bei einem seiner Besuche im Krankenhaus teilt er Josef mit, dass es besser für ihn wäre, eine Weile in der Wohnstätte zu wohnen, bis er wieder vernünftig gehen kann. Josef sagt, dass er in sein eigenes Haus zurück möchte; warum vermag er nicht zu sagen. Nachdem der Alltagsbegleiter eine Reihe von Dingen nennt, mit denen Josef Probleme bekommen würde – wie Treppen steigen und fast den ganzen Tag im Bett liegen müssen – stimmt Josef zu.
Bei der Teambesprechung berichtet der Alltagsbegleiter von seinen Eindrücken. In den Gesprächen mit Josef hatte er festgestellt, dass

der die Konsequenzen einer Rückkehr nach Hause nicht überschaut. Sein Zimmer ist zum Beispiel in der obersten Etage, er kann aber in der ersten Zeit keine Treppen steigen. Auch würde die tägliche Versorgung durch das Team anfangs dermaßen intensiv sein, dass es praktischer ist, Josef zeitweise in der Wohnstätte aufzunehmen.

Der Prozessbegleiter vertritt Josef in der Teambesprechung. Seine einzige Aufgabe ist es, Josefs Wünsche in der Teamversammlung deutlich zu machen. Er hat Josef zweimal im Krankenhaus besucht, und beide Male hatte Josef sofort gesagt, dass er in sein eigenes Haus möchte. Obwohl Josef die bevorstehende Situation nicht übersieht, hat er doch eine eigene Meinung. Sein Prozessbegleiter nimmt ihn damit ernst, muss sich aber nicht um die praktischen Konsequenzen kümmern. Das Team beschließt, dass der Alltagsbegleiter die Möglichkeiten prüfen soll, ob Josef nicht doch in seinem eigenen Haus versorgt werden kann. Der Prozessbegleiter prüft, was die anderen Bewohner meinen, wenn Josef direkt vom Krankenhaus nach Hause zurückkehrt.

Um die Erlebenswelt von Bewohnern mit niedrigerem Niveau zu verstehen, ist es unserer Ansicht nach wichtig, ihre Betreuung in eine Alltags- und in eine Prozessbegleitung aufzuteilen.

Für Josef ist das von großem Interesse. Weil seine Möglichkeiten auf sprachlichem Gebiet zu gering sind, befindet er sich in Beziehung zum Alltagsbegleiter häufig in einer abhängigen Position. So stimmt er ihm zu, obwohl er doch etwas anderes wünscht. Der Prozessbegleiter hat herausgefunden, dass dieses Vorgehen typisch für Josef ist. Wenn er von Worten überwältigt wird oder etwas nicht versteht, sagt er einfach ja, um wieder seine Ruhe zu haben.

Um Josef verstehen zu können, setzt der Prozessbegleiter Bildkarten ein. Das sind Fotos einer Person, deren Gesicht unterschiedliche Stimmungen zeigt. Ungeachtet der Tatsache, dass Josef nicht sagen kann, wie er sich fühlt, kann er das doch gut klarmachen, indem er auf ein Foto zeigt.

So bekommt auch der Alltagsbegleiter Hinweise, wie das Verständnis von Josef einzuschätzen ist.

Nach Ansicht der Begleiter und der Familien geht es beim selbstständigen Wohnen in erster Linie um praktische Fähigkeiten. Menschen mit einem niedrigen Niveau bekommen deswegen kaum die Chance, selbstständiger zu wohnen. Je weniger Menschen mit geistiger Behinderung können, desto schwerer können wir sie loslassen, obwohl auch sie ein Recht darauf haben, ihrem Leben selbst Inhalt zu geben. Beschützen darf nicht bedeuten, dass wir Menschen Möglichkeiten vorenthalten. Das wäre dann unser Problem. Mit anderen Worten: Wir finden es schwierig, Bewohner ihr eigenes Leben leben zu lassen, weil wir denken, dass sie das nicht überblicken.
Wir haben die Vision, Bewohner selbst nach Lösungen suchen zu lassen, damit sie selbst sehen, in welchen Situationen sie Hilfe brauchen oder nicht.

Seit die vier Herren selbstständig wohnen, erweisen sich die Funktionen des Prozess- und des Alltagsbegleiters als besonders effektiv, weil dadurch Probleme besser aufgefangen und gelöst werden. Wie wichtig die Signalfunktion des Prozessbegleiters dabei ist, zeigt das folgende Beispiel.

In der Gruppe der vier Herren verwaltet Bernd die Kasse. Weil Bernd Schwierigkeiten beim Laufen hat, hebt Jörn jeden Donnerstag fünfzig Euro bei der Bank ab. Von diesem Geld werden eine Reihe Einkäufe gemacht. Jeden Donnerstagabend wird nach dem Essen mit Unterstützung des Alltagsbegleiters eine Einkaufsliste aufgestellt. Weil die meisten Bewohner nicht lesen können, geschieht das mit Fotos der gewünschten Artikel. Zu viert besprechen sie, was sie brauchen, und dann sucht Peter die Bilder aus. Samstags holt Jörn die Einkäufe ab. Das geht gut.
Einmal entsteht aber ein Problem, weil Jörn an einem Samstag wegen eines Familienbesuchs seine Aufgabe nicht erfüllen kann, aber auch niemanden gebeten hat, es an seiner Stelle zu tun. Folglich gibt es keine Einkäufe.
Als darüber gesprochen wird, findet der Alltagsbegleiter eine Lösung. Die Einkäufe können auch am Donnerstagabend geholt werden, weil die Geschäfte länger geöffnet sind. Für Jörn wäre das auch ein Unterschied mit dem Hin- und Herlaufen, denn wenn er

das Geld geholt hat, kann er gleich weiter zum Einkaufen gehen. Alle sind damit einverstanden, also ist das Problem gelöst.
Dennoch wurde am nächsten Donnerstagabend panisch in der Wohnstätte angerufen. Jörn ist ohne Einkäufe und ohne Geld nach Hause gekommen und hat sich in sein Zimmer eingeschlossen. Er will nicht sprechen und sagt, dass er auch nicht mehr einkaufen will. Später zeigt sich, dass Jörn zuerst ins Geschäft gegangen ist und also ohne Geld eingekauft hat. An der Kasse merkt er, dass er kein Geld hat und die Einkäufe nicht mitnehmen kann. Offenbar hatte Jörn nicht verstanden, welche Lösung der Alltagsbegleiter vorgeschlagen hatte. Der ganze Vorfall wird mit dem Prozessbegleiter besprochen. Hierbei zeigt sich, dass Jörn nicht mehr als einen Auftrag überschauen kann. Mit dieser Information ausgestattet, berät sich der Alltagsbegleiter noch einmal mit der Gruppe. Jetzt hat Peter eine mögliche Lösung. Er könnte das Geld von der Tagesstätte mitbringen. Er will nachfragen, ob das möglich ist.

Der Prozessbegleiter muss fortgesetzt über die Interessen und die Meinung der Bewohner wachen. Es zeigt sich im Team immer wieder, wie schnell wir dazu neigen, entsprechend der Denkweise der Betreuer zu denken und zu handeln. Das aber kann die Entwicklung eines Menschen mit geistiger Behinderung einschränken. Immer wieder müssen wir nach der Erlebenswelt des Individuums forschen und uns fragen, woher es kommt, dass jemand auf eine bestimmte Art und Weise reagiert und was er damit bezweckt, statt selbst zu bestimmen, wie Menschen, die abhängig von uns sind, leben müssen.
Diese vier Bewohner führen ihr Leben so, wie sie das möchten. Auch wenn das nicht immer unsere Art zu leben wäre und wir uns manchmal Sorgen machen, kann das doch ein gutes Leben sein.

Trotz seines doppelten Beinbruchs ist Josef in die eigene Wohnung zurückgegangen. Sein Bett wurde ins Wohnzimmer gestellt. Jeden Tag kommt der Pflegedienst, um ihn zu waschen. Außerdem gibt es ehrenamtliche Helfer, die ihm helfen, laufen zu üben. Es zeigt sich, dass Peter, Bernd und Jörn dadurch keineswegs verunsichert worden sind. Sie umsorgen Josef sogar zusätzlich, denn er muss den ganzen Tag im Bett liegen und sie nicht.

Auf Anfrage der Bewohner ist die Betreuung zeitweise intensiver geworden. Solange Josef nachts unruhig ist, schläft ein Betreuer im Haus. Wenn dieses Problem sich gelöst hat, werden wir gemeinsam das weitere Vorgehen besprechen. Inzwischen erledigt Jörn wieder die Einkäufe, und Peter sorgt dafür, dass Geld im Haus ist.

6.3 Von Rot auf Gelb

Peter knallt die Tür zu: „Mir langt's!" Auf die Frage, was los ist, antwortet er nicht. Peter verschwindet in seinem Zimmer und stellt die Musik auf volle Lautstärke. Der Begleiter kennt Peter gut genug, um in dieser Situation nicht ins Zimmer zu gehen. Offensichtlich ist irgendetwas in der Tagesstätte passiert, denn Peter ist schon früher von dort zurückgekommen. Nach einer Weile kommt Peter wieder ins Wohnzimmer. „Ich fühle mich rot!" Das ist ein Zeichen für den Begleiter, sich Zeit für Peter zu nehmen. „Ich darf nicht mehr zur Arbeit kommen, aber die haben Schuld." Peter lässt den Kopf hängen und hebt die Schultern hoch. Er versteht die Welt nicht mehr.

Peter ist der jüngste einer sehr großen Familie. Er hat sieben Brüder und zwei Schwestern. Während seiner Jugend musste er immer darum kämpfen, sich zu behaupten. Es ist sein Handicap, dass er sich verbal nur schwer äußern kann, insbesondere dann, wenn er sich von anderen sprachlich bedrängt fühlt. Dann kommt es zu regelrechten Raufereien.
Nach der Schule geht Peter mit 18 Jahren in die Werkstatt für behinderte Menschen. Er bekommt eine Ausbildung als Gärtner. Seine Eltern leben noch, und er ist das einzige Kind, das noch zuhause wohnt. Das ist für ihn sehr langweilig und führt zu immer stärkeren Problemen. Peter möchte ein eigenes Haus, denn er misst sich am Maßstab des Lebens seiner Brüder und Schwestern. Seine Eltern sind aber gemeinsam mit dem zuständigen Sozialamt der Meinung, dass das nicht realisierbar ist. Folglich kommt er auf die Warteliste für eine Wohnstätte. Mehrere Male wird er dort abgewiesen. Wegen seines aufbrausenden Verhaltens ist es schwierig, ihn in einer Gruppe unterzubringen.

Auch in der Werkstatt geht es nicht gut. Er kommt regelmäßig zu spät, vor allem, weil er es abends mit dem rechtzeitigen Schlafengehen nicht genau nimmt. Häufig ist er abends mit Freunden auf der Straße zu finden, wo er offensichtlich ein Gefühl von Bestätigung empfindet. Eine Suspendierung von der Arbeit hilft auch nicht weiter. Schließlich entscheidet sich die Werkstätte, Peter zu entlassen.

Dies ist der Stand der Dinge, als Peter bei uns einzieht. Von Anfang an fällt auf, dass Peter sich in der Gruppe schnell bedroht fühlt. Immer wenn er das Gefühl hat, dass Menschen, Mitbewohner wie Begleiter, ihm zu nahe rücken, wird er verbal aggressiv, aber er hat auch eine andere Seite. In Situationen, in denen keiner etwas von ihm erwartet, kann er sehr fürsorglich sein. So entsteht eine ganz besondere Beziehung zu Margret, einer Bewohnerin, die vierzig Jahre älter ist als er. Vieles von dem, was in der Gruppe passiert, berührt Margret gar nicht. Sie kümmert sich nicht um Konflikte. Peter und Margret können gemütlich längere Zeit beieinander sitzen, ohne ein einziges Wort zu sagen. Wenn Margret sich nicht wohl fühlt, ist Peter der Erste, der aufsteht und ihr eine Tasse Tee holt.

Was aber ist in der Werkstätte passiert? Der Betreuer schenkt Peter eine Tasse Tee ein und versucht, dem chaotischen Gespräch zu folgen. Wenn Peter wütend ist, kann er sich verbal besonders schwer äußern und spricht nur in Satzfragmenten. „Sie sollen zuhören und sich nicht in meine Arbeit einmischen; ich bin Chef." Nachdem er gut zugehört hat, um herauszufinden, was Peter quält – er wurde von der Arbeit weggeschickt und darf vorläufig nicht wiederkommen – schlägt der Begleiter Peter vor, gemeinsam dem Prozessbegleiter davon zu berichten, damit der zusammen mit Peter das Problem angehen kann. Peter stimmt zu, sagt aber noch, dass er nie wieder in die Werkstatt gehen wird.

Peter arbeitet nun seit einem halben Jahr in der Werkstatt, und es hagelt Konflikte mit seinen Begleitern. In ihren Augen kümmert sich Peter viel zu viel um die anderen behinderten Mitarbeiter. Dabei gibt es keine Kritik an seiner Arbeitsleistung, denn Peter

kann viel schaffen. Er arbeitet in der Gartenpflegegruppe und überragt den Rest der Gruppenmitarbeiter in Bezug auf seine Kenntnisse. So verhält Peter sich seinen Kollegen gegenüber wie eine Art Gruppenleiter und erregt damit die Irritation der Begleiter. Die Bombe geht in dem Moment hoch, in dem sie ihn mit diesem Verhalten konfrontieren.
Die Konflikte mit Peter häufen sich, und er wird als jemand angesehen, mit dem man nicht klarkommen kann. Ihm werden immer mehr Regeln auferlegt, durch die er sich mehr und mehr in die Enge gedrängt fühlt. Seine einzige Möglichkeit, sich zu behaupten, ist schließlich körperliche Aggressivität.

Als Peter in die Wohnstätte zieht, bekommt er einen Alltags- und einen Prozessbegleiter. Das verschafft ihm Klarheit, so hat er nämlich in Bezug auf die Begleitung nur noch mit zwei Menschen zu tun. Das ist für Peter wichtig. Es ist übersichtlich, und immer, wenn Peter korrigiert werden muss, geschieht das im Verantwortungsbereich des Alltagsbegleiters. So wird verhindert, dass jeder Peter sagt, was er tun soll.

Der Prozessbegleiter erweist sich im Laufe der Zeit als wahrer Retter, sowohl für Peter als auch für die anderen Begleiter. Peter genießt die wöchentlichen Treffen. Er kann angenehme Dinge tun und bestimmt selbst die Inhalte. Während der Treffen wird immer weniger gesprochen, Peter mag am liebsten in dem Prozessraum sitzen, in dem verschiedene Spielmaterialien liegen. Ein immer wiederkehrendes Ritual fällt auf. Beim Reinkommen wird die Tür zugemacht, die Schuhe und die Lederjacke ausgezogen, und Peter setzt sich im Schneidersitz vor das Puppenhaus. Alle Anspannung fällt von ihm ab. Während der Prozessbegleitungsstunde visualisiert er alle Konflikte, die er in der Woche durchgestanden hat mithilfe des Puppenhauses. So kann er Situationen nachspielen. Es zeigt sich, dass Peter häufig nicht verstanden wurde und verbal nicht die Möglichkeit hatte, das klarzumachen. Vor allem das Wort „müssen“ trägt zur Verwirrung bei. Mit diesem Wort ist Peter groß geworden. Er gebraucht es häufig, ohne dass er etwas Negatives damit meint.
Als Beispiel schildert er eine Situation, in der er nicht wusste, wieweit er eine Taxushecke stutzen sollte. Er läuft zum Schuppen,

um den Begleiter danach zu fragen. Peter kommt herein, sieht den Begleiter beim Schreiben und sagt: „Du musst mir zuhören." Der Begleiter antwortet: „Ich muss überhaupt nichts." Peter versteht diese Antwort nicht, und prompt eskaliert die Situation, obwohl Peter eigentlich nur etwas zu fragen versucht hat.
„Dann bin ich rot", sagt Peter. „Wenn Menschen nicht so schwierig sind, dann fühle ich mich gelb." Der Prozessbegleiter merkt, dass dies eine Art Sprache ist, mit der er seine Gefühle ausdrücken kann. Wenn Peter sich rot fühlt, ist er außer Stande, angemessen zu reagieren. In dem Moment braucht er Hilfe, und es ist wichtig, dass man ihm zuhört und kein Streit angefangen wird. In Momenten, in denen Unverständnis für seine Situation besteht, fühlt Peter sich nicht verstanden und wird immer hilfloser. Er verfügt dann nur noch über eine einzige Möglichkeit: körperliche Auseinandersetzung.

Gegenüber Bewohnern oder Mitarbeitern wie Peter müssen wir uns immer wieder klarmachen, über welche Macht wir verfügen. Die Folge von schwierigem Verhalten ist, dass Menschen wie Peter durch immer mehr Strukturen und Regeln angepasst werden sollen. Das tun wir, wenn wir nicht wissen, wie es besser geht, und weil wir auf diese Art und Weise die Situation im Griff behalten wollen.
Das kann aber auch unser Problem sein, eben weil es so schwierig ist, mit Aggression umzugehen. Aggressivität führt auch uns an unsere Grenzen, und das hat zur Folge, dass wir in solchen Situationen nicht mehr auf die Probleme eines Bewohners oder Mitarbeiters hören können. Das merkt dieser Mensch natürlich, und leicht kann ein Circulus vitiosus entstehen. Eine Ich-Botschaft kann sehr hilfreich sein, die eigenen Grenzen zu formulieren, und damit geben Sie etwas von Ihrem Gefühl wieder und verletzen nicht die Würde des anderen. Angesichts von Peters Ausdruck „müssen" hätte der Begleiter auch sagen können, dass ihm eine solche Anrede nicht gefällt und dass es anders schöner sein könnte.

Weil Peter dem Gespräch mit der Werkstätte für behinderte Menschen mit Schrecken entgegen sieht, bereitet er gemeinsam mit dem Prozessbegleiter vor, wie über die Eskalationen gesprochen

werden könnte. Peter möchte gerne arbeiten, und es liegt ihm auch sehr an Harmonie. Am liebsten würde er Gärten allein pflegen, denn dann könnte ihn das Arbeitstempo der anderen nicht stören. Schließlich möchte er auch etwas über den Ablauf seiner Arbeit zu sagen haben. Er findet, dass die Begleiter ihm zu viel reinreden. Der Prozessbegleiter übersetzt diesen Ausdruck von Peter dahingehend, dass der mehr Verantwortung übernehmen möchte.
Peter sagt, dass es ihm lieb wäre, wenn der Prozessbegleiter bei dem Gespräch mit dem Gruppenleiter anwesend ist. Er hat Sorge, dass es anders nicht gelingen würde, neue Absprachen mit dem Gruppenleiter zu treffen.

Seit einiger Zeit arbeitet Peter mit einem Kollegen aus seiner Arbeitsgruppe an der Vorbereitung des Offenen Tages der Werkstatt. Er genießt diese Arbeit, die es ihm ermöglicht, auf positive Weise hervorzutreten. Das Wort „müssen" benutzt er immer noch, aber man versteht besser den Unterschied zwischen dem, was Peter sagt, und dem, was er meint. Um Eskalationen in Peters Verhalten vorzubeugen, hat er auch in der Werkstätte einen Prozessbegleiter, der regelmäßig mit ihm die Woche durchspricht. Manchmal ist es von „rot" auf „gelb" ein kleiner Schritt.

Zum Schluss

In diesem Buch habe ich die Entwicklung meiner Methodik beschrieben und die Bedeutung kommunikativer Fähigkeiten, die wir brauchen, um die Selbstständigkeit eines Klienten zu fördern. Oft können Klienten mehr als wir denken, wenn sie nur den Raum und die Möglichkeiten erhalten. Dafür ist unsere Haltung meistens bestimmend.
Eine Anzahl von Einrichtungen hat die beschriebene Methodik als Arbeitsweise implementiert. Nach einer Reihe von Jahren zeigte sich, dass die Intensität des Hilfebedarfs vieler Klienten abgenommen hat und dass Begleiter mehr Klienten betreuen können. Wenn sie den Hilfebedarf eines Klienten klarer sehen, können Begleiter folglich gezielter Unterstützung geben. Dadurch entstehen gleichzeitig intensivere Begleitungsmöglichkeiten für Klienten, die zeitweise oder auf Dauer mehr Hilfe brauchen. Auch werden so die Qualitäten von Begleitern besser eingesetzt, und das Team arbeitet ausgewogen. In der Folge sinken die Ausfallzeiten wegen Krankheit der Begleiter, und ihre Motivation steigt an.

Unter dem Namen AKS trainingen bietet Willem Kleine Schaars als selbstständiger Trainer Vorlesungen, Workshops und Teamtraining in den Niederlanden, in Belgien, in der Schweiz und in Deutschland an. Im Mittelpunkt seiner Fortbildungen steht die Einführung der Methodik, die klientenbezogene Herangehensweise, Coaching und Teamzusammenarbeit. Außerdem unterstützt er Einrichtungen auf dem Gebiet der Implementierung seiner Methodik. Das aktuelle Angebot finden Sie unter www.kleineschaars.com.

Bei Fragen oder Anmerkungen erreichen Sie den Autor über die E-Mail-Adresse von AKS trainingen: AKS@worldonline.nl.

Übungen

Übung 1: Aktiv zuhören

Arbeitsweise: Testfragen mit Multiple-Choice-Antworten.

In der nachfolgenden Übung geht es um ein Gespräch zwischen einem Gruppenleiter und einem Bewohner. Kreuzen Sie die Antwort an, in der der Begleiter Ihrer Meinung nach das Gefühl des Bewohners am treffendsten wiedergibt.

1. Bewohner:
   „Ich war auch mal erkältet wie Kim, aber ihr geht's besser."
   Begleiter:
   a) „Du warst auch gerade erkältet."
   b) „Vielleicht wirst du auch mal krank."
   c) „Du möchtest wohl mit Kim tauschen."

2. Bewohner:
   „Ja, sie muss nicht zur Arbeit gehen, aber ich wohl."
   Begleiter:
   a) „Du möchtest gern häufiger zuhause bleiben."
   b) „Du möchtest gern, dass sie immer zur Arbeit geht."
   c) „Du möchtest, dass die Werkstatt es nicht gut findet, wenn sie fehlt."

3. Bewohner:
   „Ja, das möchte ich, ich habe keine Lust, jeden Tag wieder zur Arbeit zu gehen. Ich hab's satt."
   Begleiter:
   a) „Aber du weißt, dass es sein muss."

b) „Aber meistens findest du es doch schön, arbeiten zu gehen."
c) „Dir reicht's wohl, arbeiten zu gehen."

4. Bewohner:
„Manchmal hasse ich es."
Begleiter:
a) „Das ist ziemlich stark gesagt."
b) „Das ist schlimmer als nur mal keine Lust zu haben; manchmal hasst du die Arbeit."
c) „Du hasst es doch nicht, du findest es nicht schön."

5. Bewohner:
„Das stimmt. Ich hasse die Arbeit und ich hasse die Gruppenleiter."
Begleiter:
a) „Du bist heute sicher kritisiert worden, oder ist sonst etwas Unangenehmes geschehen?"
b) „So wirst du nie etwas lernen, wenn du der Sache so negativ gegenüber stehst."
c) „Du hasst alles, was mit Arbeit zu tun hat."

6. Bewohner:
„Ich hasse nicht alle Gruppenleiter, nur XY. Ich kann ihn nicht ausstehen, er ist der Schlimmste."
Begleiter:
a) „Vielleicht finden sie dich auch schrecklich. Hast du mal daran gedacht?"
b) „Du hasst halt nur diesen einen, oder?"
c) „So schlimm wird es auch wieder nicht sein."

7. Bewohner:
„Es ist Herr XY, ich kann ihn nicht riechen und will schon seit Jahren von ihm weg."
Begleiter:
a) „An den wirst du noch lange gebunden sein."
b) „Ich finde Herrn XY ganz nett."

c) „Ich möchte, dass du versuchst, ihn nett zu finden. Vielleicht hat er ja zuhause Probleme."

8. Bewohner:
„Ich weiß nicht, wie ich es mit ihm aushalten soll. Weiß du, was er tut? Jeden Tag hält er uns seine Predigten. Dann steht er da mit so einem irritierenden Lachen im Gesicht und erzählt uns, wie ein Arbeitnehmer sich verhalten muss. Er liest uns eine ganze Liste von Dingen vor, die man tun muss, um eine gute Beurteilung zu bekommen."
Begleiter:
a) „Da musst du gut aufpassen, sonst verlierst du deinen Job."
b) „Du hasst es wie die Pest, das alles anhören zu müssen."
c) „Wenn du mehr Verantwortungsgefühl hättest, würdest du wissen, wie wichtig diese Sachen sind."

9. Bewohner:
„Er sorgt dafür, dass es unmöglich ist, eine gute Beurteilung zu bekommen, außer du machst niemals einen Fehler oder bist der Liebling vom Gruppenleiter."
Begleiter:
a) „Du glaubst, dass alles vergebliche Liebesmühe ist."
b) „Ich gebe dir für jede Arbeitswoche fünf Euro. Das wird dich hoffentlich ermuntern."
c) „Ich hatte gehofft, dass du in diesem Jahr dein Bestes tun würdest."

10. Bewohner:
„Ich werde nicht den Liebling vom Chef spielen; die Kollegen hassen einen dann wie die Pest. Ich bin so schon nicht besonders beliebt. Ich habe das Gefühl, dass nicht viele Kollegen mich nett finden." (Der Bewohner beginnt zu weinen.)
Begleiter:
a) „Du bist ja ganz aus der Fassung."
b) „Kümmere dich nicht um die Kollegen, sondern um deine Arbeit."

c) „Nun, das ist kein Wunder, wenn du immer heulst; niemand mag eine Heulsuse.“

11. Bewohner:
„In der Werkstatt gibt es eine Gruppe von Kollegen, die machen immer alles richtig.“
Begleiter:
a) „Du musst unabhängiger sein, lauf ihnen nicht hinterher.“
b) „Behandele die anderen wie du behandelt werden möchtest.“
c) „Du möchtest gern zu dieser Gruppe gehören, aber du weißt nicht, wie du das anfangen sollst.“

12. Bewohner:
„Ich verstehe nicht, wie man in so eine Gruppe reinkommt. Die sehen längst nicht alle gut aus, und sie arbeiten auch nicht so schwer wie ich.“
Begleiter:
a) „Du grübelst immer darüber nach, was man haben muss, um in so eine Gruppe zu kommen.“
b) „Du siehst gut aus und du arbeitest hart, vielleicht sind sie eifersüchtig.“
c) „Andere Bewohner grübeln nicht so viel darüber. Sie amüsieren sich einfach.“

13. Bewohner:
„Nun, Tatsache ist, dass die Kollegen sehr spontan sind. Sie sprechen einfach jemanden an, den sie gerade sehen. Ich kann das nicht. Mit solchen Sachen kenne ich mich nicht aus.“
Begleiter:
a) „Du denkst, dass es vielleicht das ist, was sie können, aber du nicht.“
b) „Du sprichst immer so negativ über dich selbst.“
c) „Wenn du etwas dagegen tätest statt zu jammern, würdest du es vielleicht weiterbringen.“

14. Bewohner:
    „Ich weiß ja, dass ich nicht gut reden kann. Mit einem Mädchen kann ich prima reden, aber nicht mit so vielen. Dann halte ich lieber meinen Mund. Mir fehlen die Worte."
    Begleiter:
    a) „Versuche, nicht so schüchtern zu sein."
    b) „Mit einem Mädchen fühlst du dich wohl und kannst sprechen, aber nicht mit einer ganzen Gruppe."
    c) „Warum denkst du, dass du etwas sagen musst? Andere können das besser."

15. Bewohner:
    „Ich habe immer Angst, etwas Dummes oder Komisches zu sagen. Dann stehe ich da und fühle mich ausgeschlossen. Es ist schrecklich."
    Begleiter:
    a) „Das ist für dich ein schreckliches Gefühl."
    b) „Manche haben keine Schwierigkeit, mit anderen zu sprechen."
    c) „Wenn du Ballettstunden genommen hättest, könntest du dich vielleicht besser bewegen."
16. Bewohner:
    „Und ob."

Übung 2: Ich-Botschaften

	Verhaltens-beschreibung	Gefühl	Folgen
Situation 1 Ein Klient ist jeden Tag um 6 Uhr wach und macht Krach. Die Mitbewohner und Sie können nicht schlafen.			
Situation 2 Ein Bewohner hat Werkzeug draußen liegen lassen, und nun regnet es.			
Situation 3 Ein Klient kommt zum dritten Mal zu spät nach Hause. Die ersten zwei Male haben Sie dazu nichts gesagt, aber nun reicht es Ihnen. Sie können dieses Verhalten nicht länger akzeptieren.			
Situation 4 Ein Klient kommt in die Küche und fährt zweimal mit den Fingern durch das Apfelmus.			
Situation 5 Ein Klient stellt die Musik auf volle Lautstärke. Sie erschrecken sich sehr.			
Situation 6 Ein Klient pinkelt neben das WC. Das haben Sie schon viermal beobachtet. Nun sind Sie es leid.			

Literatur

Appel, Marja; Kleine Schaars, Willem ([4]2000): Groeien naar gelijkwaardigheid. Baarn: H. Nelissen

Appel, Marja; Kleine Schaars, Willem ([2]2002): Anleitung zur Selbstständigkeit. Wie Menschen mit geistiger Behinderung Verantwortung für sich übernehmen. Weinheim, Basel, Berlin: Beltz.

Gordon, Thomas (1988): Luisteren naar kinderen. Baarn: Tirion.

Gordon, Thomas (1996): Effectief leiding geven. Baarn: Tirion.

Kleine Schaars, Willem ([2]2002): Via gelijkwaardigheid naar zelfbepaling. Methodische ondersteuning voor mensen in afhankelijke situaties. Baarn: H. Nelissen

Nederlandse Effectiviteits Trainingen (NET): Effectief omgaan met kinderen. Purmerend.

Thomas, Angela ([2]1992): Coaching van teamleden. Baarn: Nelissen.